新しいリーダーシップをデザインする

デザインリーダーシップの理論的・実践的検討

八重樫文・大西みつる 著

新曜社

まえがき

本書の主テーマである「リーダーシップ」に関しては、今や書店に行けば（または書籍サイトを検索すれば）すでにたくさんの書籍が出ています。ネットで検索すれば、リーダーシップに関するさらにたくさんのビジネス記事や情報が出てくるでしょう。本書はそれらと何が違うのか？　まず先にお話ししたいと思います。

本書が他のリーダーシップに関する本と違うところは、はっきりしています。それは、切り口が「デザイン」であることです。そう、リーダーシップをデザインという切り口から検討してみよう、というのがこの本の趣旨です。

本書では、今まさに日本企業・ビジネスにおいて切望されている、新しいリーダーシップの姿を自ら創り出していく姿勢（＝デザイン）を「デザインリーダーシップ」として捉えていきます。ここで私たちはそのデザインリーダーシップを、２つの観点から見ていきたいと思います。ひとつは「新しいリーダーシップのデザイン」。もうひとつは「デザイン態度によるリーダーシップ」です。

「新しいリーダーシップのデザイン」とは、リーダーシップのあり方を自分自身で新たに創り出していこうとすることです。冒頭でも触れたように、今、リーダーシップに関する本や情報はたくさん世の中にありますが、それらは「リーダーシップとはこうあるべき」や「リーダーシップのスタイルにはこういうものがある」といったものがほとんどです。そのなかで、これから新しいリーダーシップを創っていこうぜ！というようなしびれる内容には、ほとんど出会いません。

でも、自分ではない他の誰かが言ったことや、過去のスタイルをそのままマネしたところで、そもそもそれはリーダーシップではないと思いませんか？　それは誰か他の人のもので、どうにも自分のものではない、と感じないでしょうか？　少なくとも私たちはそう感じています。

リーダーシップの基本、その第一歩には「他者を惹きつけること」があると思います。「惹きつける」という表現が大げさに聞こえるなら、「耳を傾けてもらう」「少しでも興味を持ってもらう」でもよいと思います。要は、他者に少しでもよいので、こっちを向いてもらうことです。それも、イヤイヤではなく、強制するのでもなく、自分からこっちを向いてもらうこと、でしょう。そこで、リーダーシップの基本要素のひとつに「個性（オリジナリティ）」が挙げられるのではないでしょうか。あなたは、自分にはないものを持っている人に惹かれませんか？　目を背けようとしても、どうにもちょっとは気になってしまいませんか？

だから、本書では、自分だけの自分らしいリーダーシップを創り出していくためのヒントを考えていきたい、と思っています。「ヒント」と言うのは、あくまで創り出していく主体は自分、つまりあなた自身だからです。ここであえて、私たちはここでヒントを示すことくらいしかできません。

そして、もうひとつの「デザイン態度によるリーダーシップ」とは、あなた自身のリーダーシップを創り出していく際に役に立ちそうな、デザインの態度をいろいろ検討してみようということです。自分のリーダーシップをデザインしていく、と言葉では簡単に言えますが、実際に「デザインしていく」とは、どういうことなのでしょうか？　どのようにやっていけばいいのでしょうか？　そのためには、そもそも「デザイン」について深く・よく知る必要があると思います。

ただそれは、絵をうまく描いたり、モノをきれいに仕立て上げたりするようなスキルやノウハウのことではありません。ものごとを新しくつくり出していく姿勢、心構えと言っていいかもしれません。カタカナで言えばマインドとも言えるでしょう。つまり、デザインをするための「態度」を学び、身につけ、発揮することがここでは重要なのです。

本書の筆者のひとりである、八重樫文（立命館大学経営学部教授）の専門である「デザイン学」は、「デザインとは何か」を追究する学問です。そこには、リーダーシップをデザインしていくための「ヒント」が多くあります。でもこれまでに、リーダーシップを学びたい、身につけたい、デザインしたい、という人たちに向けてそれらの「ヒント」はあまり開かれていませんでした。だから、本書ではそれらを取り上げて検討していきたいと思っています。

もちろん、リーダーシップという分野自体の現状やあり方を、専門的な観点から検討することもとても重要です。その点はこれまでにリーダーシップに関する企業のコンサルティングや研修を多く手がけ、豊富な経験を持つ本書のもうひとりの著者である、大西みつる（株式会社ヒューマンクエスト代表取締役社長／立命館大学経営学部客員教授）が語り、議論していきたいと思います。

本書はこの2人（八重樫と大西）が、デザインリーダーシップについて、それぞれの専門的な知見を交わし合いながら議論を深めていきます。

前口上が長くなってしまいました。でも、もうちょっとだけ述べさせてください。私たちはこのデザインリーダーシップを捉えるための2つの視点、「新しいリーダーシップのデザイン」と「デザイン態度によるリーダーシップ」は、「ルビンの壺」のようなものだと考えています。「ルビンの壺」はご存じでしょうか？　一見、人が向かい合った絵に見えて、見方を変えると、あれ？　壺にしか見えない、っていう「だまし絵」として有名なものです。私たちは「向かい合った人」と「壺」を一度に両方見ることができない。これがこの絵のポイントですね。でも、そこには常に両方のかたちが存在しているんです。

「新しいリーダーシップのデザイン」を考えている時、「デザイン態度によるリーダーシップ」は背後に隠れてしまいますが、確かに存在しています。逆に、「デザイン態度によるリーダーシップ」を検討している時は、「新しいリーダーシップのデザイン」という主題は後退してしまいますが、消えるわけではありません。それらは両方同時には見えないけれども、互いが相互に影響し合う関係にあります。私たちは、デザインリーダーシップをそのように捉えています。

本書は「理論的検討（第1部）」と「実践的検討（第2部）」という2部から構成されています。第1部では、デザインリーダーシップとは何か？　なぜ、今デザインリーダーシップか？　という「そもそもの問い」に理論的に答えられるように検討していきます。第2部では、デザインリーダーシップは実際にどのように役立つのか？　どんな場面でその力が発揮されるのか？　という、こちらも「そもそもの問い」に実践的に答えられるように検討していきます。特に第2部では、筆者2人の専門性や経験が際立つように、対談形式で進行するようにしています。

これらも、ルビンの壺のように互いに補完し合う関係なので、どちらから読み始めていただいてもかまいません。どちらから、というよりもむしろ、両方を行き来しながらお読みいただくと、デザインリーダーシップについてより理解が深まるのではないかと思っています。

さあ、これから一緒に、あなた自身のリーダーシップをデザインしていきましょう。

八重樫文
大西みつる

2023年2月

目次

装幀＝新曜社デザイン室

第1部

デザインリーダーシップの理論的検討

第1章 デザインとリーダーシップ

1-1 なぜ、デザインとリーダーシップか？

1-1-1 自分たちはどのように生き、なぜ働き、どこに向かおうとしているのか？

本書の主題は「デザインリーダーシップ」です。そもそもなぜ、デザインとリーダーシップがつながるのでしょうか？

それは一休さんの頓智や大喜利のなぞかけのような話じゃないの？と怪訝に思われるかもしれませんね。でも、これから私たちが述べたいのはそういう類のものではありません。とはいえ、頓智とは「とっさの場合にすばやく働く知恵のこと」なので、実はこれからの話の喩えとしてはそう悪くありません。そして「これからのリーダーシップとかけてデザインと解く、その心は？」というなぞかけに対して、誰もが腑に落ちるスマートな答えができるなら、むしろかっこいいとさえ思います。けれども、かえってハードルが高くなりそうなので、今回はひとまずそういう話ではないことにさせてください。

とにかく、私たちはここで、不確実な将来への不安と閉塞感に悩む今のビジネス社会において、デザインとリーダーシップがつながるととても役に立つことを強く伝えたいのです。現代のビジネスパーソンが抱えているこの種のお悩みのほとんどは、デザインとリーダーシップがつながることでたぶん、いや確実に解決に向かいます。

だから今、特に日本のビジネスの将来をしっかり考えようとする人たちに、デザインとリーダーシップのリンケージ（結びつき）が喫緊に取り組むべき課題だということを理解していただきたいと思います。

なぜ今、私たちがこんなにヒートアップして、デザインとリーダーシップとのつながりの重要性を伝えたいと思っているのか。そこから話を始めたいと思います。

２０１８年に「歴史の分断と文化アイデンティティの再構築にどう立ち向かうか」というリトアニアの現状の話を聞く機会がありました。リトアニアのカウナス工科大学准教授でデザインセンター長を務めているデザインの研究・教育者であるルータ・ヴァルサイティからの話でした。

１９９０年の独立から約30年が経ち、リトアニアは今さまざまな問題を抱えています。その問題の根底に「社会問題に関する国民の意識がいまだにソビエト時代から抜け出せない」ことをヴァルサイティは指摘します。みなさんよく知るように、旧ソ連支配下では、個人よりも組織・共同体（ソ連）

の価値判断が優先されていました。一方で独立後は、リトアニアという国自体、さらにそこに生きる自己のアイデンティティを（再）構築しなければなりません。

そこでは、「自分たちはどのように生き、なぜ働き、どこに向かおうとしているのか」という問いに対して、具体的な答えが今すぐに求められています。しかし、ある意味で組織・共同体の価値判断に頼っていればよかった旧ソ連支配下のマインドセットが抜けきらず、アイデンティティの構築が急務であることは強く認識されながらも、具体策をうまく持てずにいます。今はもう、価値判断は誰かによって与えられるものではなく、自分自身でつくり出していかなければならないのに。

私たちはこの話を聞いて、まさに今の日本における働き方改革をめぐる組織やリーダーシップのあり方、新しい働き方や生き方の議論に通じるものだと思いました。私たちはなぜ働き、どのように生き、どこに向かおうとしているのか。仕事と人生の意味を問い直す、ひいては日本社会が向かう方向性を問い直す機会が来ている、というのは大げさすぎるでしょうか。

この問いに対して、リトアニアほどに私たちには急で具体的な回答が求められているわけではありません。でも、それらを日常の煩わしさのなかに紛れさせて先送りし、誰かの答えを待つのは楽観的すぎないでしょうか。歴史・経済的に見て日本は成熟期にあり、リトアニアは変革期にあるから、と片付けて納得したふりでよいのでしょうか。

このようなリトアニアの状況において、ヴァルサイティィは社会にデザインの考え方を浸透させる重要性と必要性を説きます。そして、実際にデザイン教育実践を行っています。まず、カウナス工科大学にデザインセンターを立ち上げ、そこに大学入学１年目の１０００名ほどの学生が必須科目としてデザインに関連するプログラムを履修する仕組みがつくられました。さらに、デザイン文化を定着させるために、イタリアのデザイン組織とコラボレートし、デザインに関するイベント開催やコミュニティにおける情報共有の場づくりが進められています。

２０１７年には、イタリアのミラノ工科大学と共同で、デザイン研究に関する国際学術会議「4D Conference」が立ち上げられ、リトアニアでその第1回が開催されました。世界のデザインの研究知をリトアニアに集めようという意図です。第2回以降は世界を巡りたく、２０１９年に第2回を開催する予定で開催国とホストを探している、というヴァルサイティの話に私たちはすぐに乗っかり、日本で開催することを引き受けました（２０１９年10月に立命館大学大阪いばらきキャンパスおよび大阪国際会議場にて開催されました）。

1-1-2　なぜ、デザインか？

なぜ、ここでデザインなのでしょうか？

それはデザインが単なるものづくりやスタイリングの方法論ではなく、ものごとの新しい意味を創り出していくプロセスだからです。日本のビジネスにおいても、「デザイン思考」や「デザイン経営」のように、デザインが企業のブランディングやイノベーション創出に貢献する思考プロセスであることの理解が浸透し始めています。とはいえ、それらに直接関わらない職務に従事するビジネスパーソンにとって、デザインはいまだ縁遠い存在でしょう。

でも、デザインとは、企業のブランディングやイノベーション創出に貢献するだけの小さく狭いものではありません。その大きさと広さを知るために、私たちはデザインについてもっとよく知る必要があります。もっとデザインのことをよく知れば、それが縁遠い存在でなく、自分たちの仕事や生活の最も身近にあり、常に新しい意味を問うているものであることにすぐ気づかれることと思います。

というわけで、リトアニアの事情とそこでヴァルサイティがやろうとしていることに、私たちは大きく感化されました。価値判断は誰かによって与えられるものではなく、自分自身でつくり出していかなければならない。国家と自身のアイデンティティを再構築するためのデザイン。日本でもそれは変わらず必要なことでしょう。組織やリーダーシップのあり方、新しい働き方や生き方の議論にデザインの知を活かす挑戦です。

リトアニアの話から目を移しても、グローバルビジネスが進展している現在、どの企業もVUCA（Volatility：変動性、Uncertainty：不確実性、Complexity：複雑性、Ambiguity：曖昧性）やBANI（Brittle：脆い、Anxious：不安、Non-linear：非連続、Incomprehensible：不可解）と言われる予測困難な状況に直面しています。そんな状況に対して、ビジネスパーソンが組織で発揮すべき新しいリーダーシップのあり方が問われています。

これまでのビジネスにおけるリーダーシップは、特別な役職や権限を持った人が、組織を「統率・牽引する能力」として捉えられてきました。しかし、予測困難なVUCA／BANI時代に求められるのは、役職や権限を問わず、自らが進むべき方向性を示し、関係者の意欲を高め、未来を創り出していく、ビジネスパーソンなら「誰もが持つべき主体的な態度」としてのリーダーシップです。

では、この態度をどのように身につけていけばよいのでしょうか？

そこで注目できるのが、不確実で曖昧な状況を受け入れ、楽しみながらものごとの新たな意味を見出していくデザインのマインドセットです。実際に私たちはこれまでの研究において、デザイナーがデザイン活動に取り組む際の信念・行動規範・振る舞いの分析から、このビジネスにおける新たなリーダーシップ育成に資する態度的要素（これを「デザイン態度」と言います）を明らかにしてきました。

次節以降では、このデザイン態度の詳細に触れながら、ビジネスパーソンにデザインをよく知ってもらい、組織で発揮すべき新しいリーダーシップを自らデザインできるようになるためのヒントを提供していきたいと思います。ぜひここでデザインをよく理解し、新たなリーダーシップを発揮することで、次世代の仕事や人生の新しい意味を自ら創り出していけるようになっていただければうれしいです。

1-2　ビジョンと意味の探求

1-2-1　ビジョンを持つ、ということ

私（八重樫）は、２０１５年と２０１９年に大学の学外研究制度を利用して、イタリアのミラノ工科大学に滞在していました（２０２０年も滞在予定だったのですがコロナ禍でやむなく帰国しました）。滞在中は、授業や大学運営に関わる仕事は免除され、研究に専念しなければなりません。

私たちの研究というものは基本、誰に指示されるものでもなく、誰かにタスクが与えられるものでもありません。自分で目標を設定し、スケジュールを管理し、自分自身で成果を出さなければならないのです。私たちにとって、研究は誰かに強制されて行うものではなく、自分の専門性を持って社会に貢献すべく行うものです。

よって、そこには強い自己のビジョンがなければできません。私は、デザインを狭い専門性のなかに閉じ込めずに、広く一般的な知識として敷衍すること、いわゆる「汎デザイン論」の確立を目指しています。これが私のビジョンと言えるものです。

このビジョンは誰かに指示されたのでも、このテーマを選べば研究費が潤沢に得られる、身分が保障されると推されたものでもありません。だからこれまで、自分のビジョンと社会や他者の理解との接点を探りながら、なんとかやってきました。若いころにはよく言われたものです。お前にそれができる根拠はどこにあるのか、実績はあるのか、誰がそんなことを求めているのか、と。これからやろうとしていることに実績などありません。まだ誰もやっていないことに対して、社会の理解が先にあるはずもありません。

幸い、背中を押してくれた偉大な先達たちがいたことで（本書の共著者の大西さんもその偉大な先達のひとりです）、なんとか今の私がここにいます。ＯＫ、何の問題もない、風の強い方に行け、と。

みんながまだわからないことに対してあるひとつの新たな方向性を示すこと。それが私という他の誰でもない者に求められる存在価値でしょう。誰かの要求にうまく応えるだけなら、多くの人たちが同じ答えを導け、いち早くその答えを出した者が勝つでしょう。そんな競争に興味はありません。

誰もが知っていることを小説に書いて、いったい何の意味がある？[1]

村上春樹『風の歌を聴け』の一節です（もうずいぶん古い小説になってしまいました）。私はいつも研究の方向性で迷う時に、この一節を思い出し、周りに流されず自分のビジョンと向き合うことを選択してきました。

しかし、わかりやすく即時的な研究成果が求められる時代になってしまいました。私たちは、外部からの研究資金獲得額や論文発表の多さで査定されます。研究資金獲得においては、当然ながら「今の時代性」に合わせたものや、企業の「今の悩み」に「今すぐに役に立つ」ものが優先的に採択されます。そういうものなのでしょう。

私たちの間には、「Publish or Perish（論文を出せ、じゃなかったら滅びよ）」ということばがあります。評価される論文は、厳密な手続きの上に科学的根拠を伴う知見を提示しないと通りません（当り前ですね）。とすれば、まだ漠然としていて根拠が十分ではない考えはそこに著すことはできません。論文を量産するには、その専門性に閉じこもり、重箱の隅をつつくような小さな（でも十分な科学的根拠のある）成果を積み上げていくしかないのです。

それはすでに評価軸が確定しているステージでの戦いです。ここでも、自分じゃない他者の要求にうまく応えられるかどうかが求められています。

みんなが欲しがってるものをつくってちゃダメなんだ。みんなが自分が欲しがっていることに気づいてさえいないものをつくらないと[2]。

ここにカニエ・ウェスト（音楽プロデューサー、ヒップホップMC）のこのことばが響きます。みんながすでに知っていること（その概念がすでに理解できていること＝その必要性を認識できること）に対して、貴重な研究の時間を捧げることにいったい何の意味があるのでしょうか？ 私はいつも自問してきました。でも、それでは研究費の獲得や即時的な成果には結びつきません。

研究する、ということはこの葛藤と正面から対峙することです。苦しさに愚痴を言うことはたやすいですが、それは未来を生まないでしょう。私の尊敬する多くの先達たちは、答えではなく葛藤に私を導いてくれました。だから私はこの葛藤を積極的に引き受けていくことにしました。葛藤の先に未来があることを信じて。

先に述べたように、デザインを狭い専門性のなかに閉じ込めずに、広く一般的な知識として敷衍すること、いわゆる「汎デザイン論」の確立というビジョンがありながらも、長らく私はなかなかそのビジョンをうまく展開できずにいました。

2007年に現職（立命館大学経営学部）を得て、美大から経営学部にフィールドを移した当初の私は、経営学部で美大のデザイン教育のエッセンスを展開する、ということにしか頭が向いていませんでした。これまでに私が美大で受けてきた、さらに美大の教員として実施してきたことを経営学部で展開することしか、考えられていなかったのです。

でもある時、それでは単なる借り物で、美大のデザイン教育を本家に仰ぎ、いつもそれに追従しているに過ぎないことに気づきました。誰かを追いかけているだけなのは、そもそも自分の性に合わないのです。

だから、そこで経営学部だからこそできるデザイン教育をつくろうと思いました。そのためには、経営学におけるデザインの位置づけを慎重に検討する必要がありました。経営学におけるデザインは、デザインマネジメント研究という分野にあります。しかし、日本では実践に偏り、学術的な知見の整理が十分ではありませんでした。

企業や社会での実践からアプローチする「実践者」は多いのですが、学術的な理論構築からアプローチする「研究者」は少なかったのです。さらに特に学術的な知見は世界とつながっておらず、他分野と比べ圧倒的に日本語でアクセスできる情報が不足していました。

そこで、海外での豊富な研究知見が日本で紹介されていないこと、日本の実践知見が海外の学術的な場に流通していないことが大きな問題だと思いました。だから、この2つから手をつけていくことにしました。これらの研究活動と教育をうまくリンクできれば、経営学部だからこそできるデザイン教育の実現に近づけそうだと思ったからです。そのために私は、当時の海外のデザインマネジメント研究の知見をくまなくチェックすることにしました。

具体的には、近年で国際的な学会誌に載っているデザインマネジメントに関する論文をできるだけほぼすべて目を通すことにしました。当時の院生や学部生にも協力してもらいました。その時のメンバーたちは今、大学や研究機関でデザインマネジメントの研究者として活躍しています。

この分野の研究者の少なさを憂いていたところに、意外にも自ら研究者を輩出することができたのでした。ちょうどＤＭＬ（Design Management Lab）という組織的な活動を始めたのもこの時です。

私たちがそこで目を通した多くの論文が、イノベーション創出における文脈で、デザインの知見を利用しようとするものでした。ほとんどの論文が、人の認知行動を精緻に分析してニーズを掴み、製品の使いやすさと製品の認知から購買・使用までの情報動線の設計をするユーザー中心デザインのプロセスを参照していました。このプロセスは、主に90年代以降にパーソナルコンピュータとインターネットの普及により、ソフトウェアやＷｅｂサイトのユーザーインタフェースの操作性を高めるために、新たに隆起したデザインの着眼点です。イノベーションの議論がそれまであまりにも技術開発中心であったために、それをユーザー中心の視点に転回するために目をつけられたのが、このデザインの知見でした。

このように大半の論文が、ユーザー中心のデザインの観点を称賛し、その知を経営分野で応用・発展させようとしたものでした。一方そのなかで、まったく異なる視点から異彩を放つ論文をいくつか見つけました。それが、ミラノ工科大学教授のロベルト・ベルガンティとそのグループの一連の研究だったのです。

1−2−2　自分のビジョンを起点にしたデザインプロセス

2010年ごろの経営とデザインに関わる界隈は、「ユーザー中心」という考え方が主流でした。この姿勢は、当時の市場を席巻していました。製品開発をするなら、まずユーザーを見よ、市場のニーズを捉えよ、というスローガンとともに。しかし、その時私が出会ったある本の第1章は次のことばから始まっていたのです。

市場？　何が市場だ！（自分たちの会社は）誰も市場ニーズなんて見ちゃいないよ。私たちは人々に提案をしているんだ。

この本が、ベルガンティの『デザイン・ドリブン・イノベーション』[3]です（2009年原著出版、2012年、2016年日本語訳出版）。この本を翻訳したことがきっかけで、私はミラノ工科大学に研究滞在していました。

ベルガンティは、ここでアルテミデ（欧州のデザイン賞をはじめ数多くの賞を獲得した代表作がいくつもある照明器具メーカー）のデザインプロセスを精緻に分析し、「ユーザーを見よ、そして市場のニーズを捉えよ」という当時ほぼ誰も疑問を持たなかったスローガンをあっさり否定しています。市場やユーザーの声から、人々が本当に愛する製品は生まれない、と。

さらに、アレッシィ（イタリアの生活用品メーカー）、アップル、スウォッチ、任天堂などが例に挙げられ、ユーザーや市場を起点にしないデザインプロセスのほうがむしろ人々を魅了するものを創り出し、持続的な収益をあげる製品を生み出していることが明らかにされています。

これらの会社のデザインプロセスには、「自分のビジョンから始める」ということに共通点があります。自分がその仕事を通して社会に訴えたいことは何か？　自分はこの先この社会をどうしていきたいのか？　人々にどんなものを届けたいのか？　なぜそれは自分じゃなきゃできないのか？　彼らは徹底的に「自分が社会に貢献できる意味」を問うていました。

ユーザーや市場の分析は、その当時でも手をかければ誰にでもできるものでした（ツールが発達した今ならもっとたやすく誰もができるでしょう）。よって、そこから得られる知見も「誰もが同じく得られるもの」でしかありません。彼らは、そこに決定的な弱さがあることを知っていました。

一方で、彼らは自分を起点に社会に訴えかける強い考えが、新たな市場を創出する可能性を秘めていることを十分に理解していたのです。この自分の強い考えが「ビジョン」です。既存市場の動向分析を追従しているフェーズにとどまっていては、強いビジョンが生まれることはありません。ユーザーや市場はあらかじめ存在するものではなく、自分で創り出すものです。しかし、その前提が忘れ去られてしまっている場合がなんと多いことでしょう。

さて、ここまでの話の「製品」を、「事業や自分の日常の仕事」に置き換えてみてください。

そもそもなぜ、自分はその事業を行っているのか？

なぜ、今自分はその仕事をしているのか？
なぜ、自分がそれを行うのか？
そして、自分はどうしたいのか？　なぜ、そうしたいのか？

これらの「なぜ」に答えるためには、自分のビジョンを明確にする必要があります。それは自分にとっての「意味」を問うことにもなります。デザイン・ドリブン・イノベーションにおいて重要なもうひとつの要素がこの「意味」です。それゆえに、デザイン・ドリブン・イノベーションは、意味のイノベーションという名でも呼ばれます。では、ここから「意味」について深く考えてみましょう。

1-2-3　意味を探求する、ということ

意味を深く考えるためのポイントは、日常のすべてのことにおいて、

「なぜ○○○なのでしょうか？　それは□□□だからです。」

という構文を意識することです。
「構文」という言い方ではカタいので「メガネ」くらいが妥当でしょうか？　日常のものごとの意味を問い直すために、この「メガネ」をかけてまず自分で世界を解釈することが、意味を考えるため

の入り口となります。

さて、なぜこれがデザインの話なのでしょうか？　それはデザインが「ものごとに意味を与える行為」だからです（さっそくメガネを使ってみました）。「デザインとは、ものごとに意味を与える行為である」というのは、ドイツからアメリカに渡ったデザイン研究・コミュニケーション研究の大家であるクラウス・クリッペンドルフ教授の定義です。この定義によって、デザインを単に色かたちの表面的な操作とする理解を超えて、広く本質的な理解へと促すことができます。

本書で、デザインを鍵概念にできるのも、この定義のおかげです。だから、デザインとは単に色やかたちを整えることだけではありません。デザインとはものごとに意味を与え、色やかたち「も」整えることです。

余談ですが、クリッペンドルフが１９９８年に日本で講演を行った時、私はホテルや講演会場の送迎役でした。彼との別れ際の会話が今でも頭に残っています。私は「またお会いしましょう（See you again）」と普通に言ったつもりでした。今考えれば彼のユーモア（か、社交辞令か、若者に対する社会的配慮）だったのでしょう。なんと「じゃ、今度いつ会う？いつアメリカにくる？」と返されたのです。そこで私は「これからデザイン研究を続けていくつもりだから、必然的にどこかでお会いすることになる」と生意気に答えました。今となればとても恥ずかしい限りです。だってその時の私はデザイン事務所勤務を辞めたばかりで、出身大学研究室の教務をバイトで手伝っていただけの何者でもなかったのですから。

その後、まったく予期しないところで私はクリッペンドルフと再会します。それは前述の『デザイン・ドリブン・イノベーション』のなかで、です。ベルガンティの一連の研究におけるデザインの定義は、このクリッペンドルフの定義に負っています。あの何者でもなかった私が、ミラノに研究滞在するところまでつながる線がここに引けます。

言い換えれば、私はそこに意味を見出し、今自分のビジョン「デザインを狭い専門性のなかに閉じ込めずに、広く一般的な知識として敷衍する」ことを負って生きています。（そしていつか、本当にクリッペンドルフ先生に直接お会いできる時を楽しみにしています。たぶん覚えていらっしゃらないでしょうが、ね。）

閑話休題。意味の話に戻りましょう。

前述のようにデザイン・ドリブン・イノベーションでは、製品開発においてこれまで着目されてきた「機能（いわゆるスペック）」ではなく、「意味」に着目しています。どんなにその製品が他社のものより機能的に優れていたとしても、あなたにとってそこに何の意味も見出せなければ、あなたは何の興味も示さないでしょう。

なぜ、その製品を買ったのでしょうか？　それは友人に薦められたからかもしれません。ではなぜ、それを今でも使い続けているのでしょうか？　それは自分が気に入っているからです。なぜ気に入ったのでしょうか？　それは自分にとって△△な恩恵があるからです。ここでたどり着いた△△は、極めて個人的な理由です。これが「意味」であり、ここに到達してはじめて人々にとって魅力的な製品が生まれるのです。

あなたが今大事にしているものは、単にそのスペックや他者の評価で判断されたものではないはずです。先祖の形見を大事にする心は単にものを大切にする、というだけではなく、その背景に「先祖に恥じないような生き方をする」「先祖を喜ばせるような何かを成し遂げる」、「家系を繁栄させる」などのビジョンがあるはずです。

ここで意味とビジョンがつながります。意味とビジョンは表裏一体の関係にあります。例えば、リーバイスは「ジーンズを履くことで社会慣習に縛られず自分らしく自由でいられる」というビジョンを提案し、若者たちを魅了しました。ジーンズはこれまでの作業服から、若者の社会に対する反抗の象徴となったのです。そして、そこに若者たちは、それぞれ個人的な意味を見出しました。リーバイスは、ジーンズの意味を変えました。

他にも、アップルは"Think different"というビジョンを提案することで、自分なりの表現や働き方を目指す人々を魅了しました。そしてパーソナルコンピュータを単なる情報処理計算機から、自己表現のツールに変えたのです。ここでも、コンピュータの使い方や表現は個人によって異なります。でも、確実に人々がそれまでに持っていたパソコンの意味を変えたのです。

任天堂Ｗｉｉは、ゲームを「個人が没頭して楽しむものではなく、家族のコミュニケーションツールにする」「内向的でネガティブな享楽ではなく、健康や運動というポジティブなツールにする」というビジョンを提案し、その意味を変えました。「ゲームなんてしてないで、家族で出かけよう」という台詞に象徴的なように、これまでゲームは家族のコミュニケーションにとって悪いものでした。さらに「ゲームなんてしていないで、外で遊んできなさい」と言われるように、ゲームは健康にも悪いものでした。Ｗｉｉはそれを変えたのです。

ここまでの話で、意味を与えるためには、ビジョンを提案することが有用であることがご理解いただけたと思います。一方、「ものごとに意味を与える行為」がデザインでした。つまり、デザインはものごとに意味を与えるために、人々にビジョンを提案します。

さて、これが「ビジネスパーソンが持つべき新しいリーダーシップのデザイン」とどのようにつながってくるのでしょうか？　新しいリーダーシップとは、リーダーシップのあり方自体に旧来のものとは異なるものが求められている、ということです。意味の観点から言い換えれば、リーダーシップ自体の意味が問われている、となるでしょう。

ここから導かれるのは「ビジネスパーソンが持つべきリーダーシップに新しい意味を与えるためには、どのようなビジョンの提案が必要だろうか」ということだと考えます。これが、デザイン的な見方です。

そんなこといきなり言われても・・・？？？　というのが正直なところでしょう。

ＯＫ、では次節以降、具体的にビジョンを持つ方法や、デザインプロセスを紹介していきましょう。そこから、ビジネスパーソンが持つべきリーダーシップに新しい意味を与えるためのデザインについて、「自分の」やり方を考えていっていただきたいと思います。

1-2-4　曖昧なビジョンを明確に持つ？

これまで、いささかしつこいくらい「自分のビジョンを明確にすることが重要」だと言ってきました。常に自分から「なぜ？」という問いを発し、それを自分でどのように解釈していくか＝意味づけこそが、私たち自身が世界を創っていく行為であり、そのためには自分のビジョンを明確に持つことが必要だ、と。そしてその行為こそが「デザイン」であり、それがこれからのビジネスパーソンの持つべき新たなリーダーシップに貢献するだろう、と。

ただ、このような話を私たちが担当するセミナーやワークショップですると、

「ビジョンを明確に持つことの重要性はわかったんだけど、どのように明確にすべきかまだよくわからないので、何かヒントをもらえませんか？」

という質問をよく受けます。しかし、私もそれを明確にするためにどうすればよいか、よくわかりません。実を言うと、私はビジョンは曖昧でよいと思っています。こう言うと「明確にしろって言ったのはあなたじゃないの！」というツッコミを受けそうですが、まあそう急がず話を聞いてください。その「曖昧さ」についてこれから説明したいと思います。

前節までに述べてきたように、私のビジョンは「デザインを狭い専門性のなかに閉じ込めずに、広く一般的な知識として敷衍すること」でした。はっきり明言しているように聞こえるかもしれませんが、よく考えて解釈してみてください。そこには具体方策も達成目標も示されていません。この意味でとても「曖昧」です。

「どうやってそれを実現するの？」
「どこまでやったらそれが達成されたことになるの？」

というようなことに答える確実な設定がここにはありません。だから若い時には、散々周りや年長者から「何をやるのか具体的でない」「そんなことできる確証がない」と否定され、心を折られかけました（まあ、今でも似たような状況ですが）。

ビジョンはいわゆる目標や目的とは違い、自分の行動の方向性を示すだけのものでよい、と私は思っています。いや、それこそがビジョンの重要な役割であると思います。

私は、日常のさまざまな場面で、デザインを狭い専門性のなかに閉じ込めない方向に向かいます。デザインを狭く捉えるような場面に遭遇した時には従わず、抗うのです。それがどのような場面で、どんな状況で、どんな人と関わっている時かどうかは、あらかじめわかりません。だから、そのためにどんな対処を、どんな知識を具体的に準備しておけばよいのかも定かではありません。

さらにこの先、自分が生きていく社会自体がどう変わるかもわかりません。そう、ビジョンを成立させ存続させる社会の前提や基盤自体、すべてが不確実なのです。でもビジョンによって、何か選択を迫られた時にどちらに向かうべきかという方向性だけは持てます。私が何か選択しなければならない時には、デザインを広く捉えられることが実現できそうなほうを選ぶ、ということです。

ビジョンがうまく設定できない人の悩みを聞くと、ビジョンを目標や目的と同様に捉え、確実性のもとに設定しようとしていることが多いことに気づきます。例えば、ビジョンを達成するためには、どのような方法で、どのような知識を身につけなければならないのか、今自分でその方法や知識は持っているのか、持っていないとしたらそれはどこでどのように学べるか、などをあらかじめ考えてしまっています。

ひっくり返せば、自分でその実現の確証が得られないので、それをビジョンとして設定・選択することができないと思い込んでしまっています。だから、ビジョンは「曖昧」でよいのです。必要なのは、自分はどこに向かうのか、それだけです。後はその道程で何が起こるのかはわかりません。その不確実な現実に対して、方向性を持って対処していくだけです。私が主張したいのは、まず「曖昧なビジョン」を「明確に」持つということです。

1-3 デザイン態度とマネジメント態度

1-3-1 デザインの解釈

これまで、デザインを「ものごとの新しい意味を創り出していくプロセス」であると述べてきました。しかし、このようにデザインを解釈することは、まだ一般的には受け入れ難いかもしれません。おそらく一般的に、デザインとは色やかたちを操作し、ものごとをキレイに飾り立てる行為として捉えられていると思います。もちろん、この解釈は間違いではありません。でも、この解釈はデザインの一側面を説明しているに過ぎず、デザインのすべてを捉えきれてはいないのです。

色やかたちを操作し、ものごとをキレイに飾り立てる行為には、必ずその「動機」があります。そこには、「なぜ、その色を塗ったのか?」「なぜ、そのかたちになったのか?」という問いが常に存在します。私たちは、この「なぜ?」の部分にデザインの本質があると考えています。

前節の冒頭を思い出してみてください。常に「なぜ○○なのでしょうか? それは□□だからです」というメガネをかけて（構文を意識して）、まず自分で世界を解釈することの重要性を説きました。これがデザイン特有の態度です。「なぜ?」という問いは、他者から与えられるものではありません。自分起点で発せられるものです。

また、この「なぜ?」に答える理由も、他者からもたらされるものではないのです。自分の思考や行動に対して、常に「なぜ?」という問いを発し、それに自分自身で意味づけをして答えていく。このプロセスが、私たち自身が世界を創っていく行為であり、これこそがデザインなのです。

しかし、これまでのみなさんの実生活では、他者から与えられる問いに答えさせられる場面が多かったことと思います。そこで求められるのは、正解を導く速さでした。さらに、その正解はあらかじめ存在するものです。言い換えれば、これまで日常の多くの場面において、正解がすでにある問題にいかに速く答えられるかで、私たちの有能さは評価されてきました。でも、私たちが有能である、とは本当にそういうことでしょうか?

おそらく違いますよね。誰もが素晴らしい演算処理能力を有するPCやデジタルデバイスを片手に、インターネットやAIによって瞬時に世界の情報にアクセスできる現在、ヒトの有能さとは何か、ということが改めて問われています。

ここに、誰かに与えられた問いを解決するための「問題解決力」よりも、「自ら問いを立て意味づけする力」の重要性が高まっていることが伺えるのではないでしょうか。みんなが同じ問題に向いて、その解決の速さと効率競争を行う時代ではなくなったのです。問題に答える側から、問題を提起する側への転回が求められています。

私たちはそこにデザインの態度が役に立つと考えています。しかし、ビジネス現場やその教育においては、いまだに旧来の問題解決志向が強いのが現状です。私たちの研究領域において、このような現況は「マネジメント態度」と「デザイン態度」との対比によって説明されます。

1―3―2　マネジメント態度

マネジメント態度とは、私たちが主に仕事の現場で多く用いている意思決定に関する態度のことです。あなたは、普段の仕事の意思決定場面（企画書や提案書の作成、会議での発言、他に例えばランチ付き会議の手配を依頼された時のメニュー選び、今日仕事に着ていく服選びなど）において、どのような態度をとっているでしょうか？

おそらく多くの人が、過去や他の類似事例を参照し、そこから最適な手段を選択する方法をとっているのではないでしょうか。確かにそれは合理的で、そのほうが選択の根拠を問われた時に説明可能であり、客観性も高い結果を導けます。しかし、そこには決定的な落とし穴があります。

それは、このマネジメント態度をとる主体（あなた）は、単に与えられた選択肢から選択を行う受動的な存在であり、そこに新たな選択肢を「つくる」ことに関与できない、ということです。

教科書の範囲から出題される試験に臨む状況を想像してみてください。このような試験で求められるのは、教科書にあらかじめ書かれている内容から、限られた時間に適切な解答を選択する（記述する）合理的な選択行為です。この態度を洗練させていけば、確かに既存の問題に対する解答の精度は高く、スピードは速くなります。

しかし、そこで試験に臨むあなたは、あらかじめ教科書に書かれている内容からしか解答することができません。そこに自らが新たな答えをつくっていく、つまり教科書に内容を書き足すという発想は含まれていないのです。

他の例でも考えてみましょう。会社のエレベーターが古くて遅く、あなたの待つフロアになかなか来ない、という状況を想定してみてください[4]。他の社員からも文句が多く出ています。この状況に対してあなたならどのように対処するでしょうか？

一般的には、現状でそこにかけられる予算を捻出して、その費用対効果を検討し、それに適した仕様をエレベーター業者や建築施工業者と打ち合わせる、というプロセスが考えられるかと思います。予算と効果の折り合いがつけば、このやり方で新しいインテリジェントなエレベーターを導入でき、みんなの満足度が上がるかもしれません。でも、実際に予算と効果の折り合いがつくことなんてほとんどありませんよね。

この考え方も、既存の選択肢のなかから合理的な選択を行うことによるマネジメント態度のアプローチです。一方で、このアプローチとは本質的に異なるのが、デザイン態度（のアプローチ）です。

1-3-3　デザイン態度

デザイン態度は、過去や前例にとらわれず、新たな選択肢をつくることに能動的に関与する態度です。

「過去や前例にとらわれない」となると、ずいぶん野蛮で破天荒な印象を持たれるかもしれません。

後ほどよく説明しますが、ここではまずデザイン態度は破天荒であるというよりは、むしろ冷静に「問題そのものの理解のしかたを再形成するアプローチ」だと押さえておいてください。

エレベーターがなかなか来ないということは、エレベーターを待つ人にとってそもそも何が問題なのでしょうか？「目的階に速くたどり着けないこと」がこの問題の本質なのでしょうか？むしろここで「エレベーターを待つ」ということに新たな意味を付与できれば、この問題は別の観点から解決できるのではないでしょうか？これが、問題そのものの理解のしかたを再形成するデザイン態度のアプローチです。

このアプローチでたどり着いたひとつの例が「エレベーターの横に鏡を取り付ける」というアイデアでした。「たったそれだけのこと?!」と思われるかもしれません。でも、これで社員の文句は激減しました。人間は思わず見入るようなものが与えられると、時間が経つのを忘れがちになるという、本当にただそれだけのことです。

かかったコストは鏡とその取り付け作業代だけです。ただ、そこには意味づけがしっかりとありました。その会社の理念のなかには、「社員がしっかり自分を見つめ考えられる」というビジョンがありました。そのためには単に速く効率よく（何も考えず）目的階にたどり着けるようにするよりも、待ち時間に鏡を見つめリフレクションする機会を与えるほうが社の理念を具現化するものになります。実際に仕事の質も上がるかもしれません。

鏡を取り付けるというたったそれだけのことが、単なる待ち時間に意味を与え、社の理念を具現化したものにもなったのです。

実はここにはもうひとつ、デザイン態度の特徴が隠れています。前述のように、新しいインテリジェントなエレベーターに変えるという解決策を提示した場合、予算が大きな問題になります。これは、予算がないと問題解決ができない状況を自ら生み出してしまっているとも言え換えられます。エレベーターの待ち時間の問題解決課題だったはずが、予算の問題まで引き起こしてしまっています。このような問題を「厄介な問題」と呼びます[5]。予算を抑えると本来のエレベーターの待ち時間問題は解決できません。しかし、予算は捻出できない。さて、どうしましょう？　デザイン態度はこの厄介な問題に挑む態度なのです。

さらに私たちは、これまでの研究でデザイナーがデザイン活動に取り組む際の信念・行動規範・振る舞いの分析から、デザイン態度の特徴を詳細に分析し、以下の5点を明らかにしてきました[6]。

① 不確実性・曖昧性を受け入れる
② 深い共感に従事することで、人々の理解のしかたを理解する
③ 五感をフル活用する
④ 遊び心を持ってものごとに息を吹き込む
⑤ 複雑なことから新たな意味を創造する

順に紹介していきましょう。

① 不確実性・曖昧性を受け入れる

仕事でのクライアントの要望はいつも曖昧であり、矛盾が多いものです。例えば、

・新しいものをつくりたいが、費用は抑えたい
・自社製品のユーザー・顧客満足度を上げたいが、株主等ステークホルダーの要求を優先しなければならない
・新規製品の研究開発に投資したいが、既存ラインの仕様改善のほうが短期的な売上げを保証できるので避けられない

などが考えられます。

先のエレベーターの例で言えば、待ち時間の長さの問題を解消したいが、エレベーター自体の仕様改善をする予算はない、等々です。このようにデザイナーは、要件自体がそもそも矛盾しているオーダー（「厄介な問題」）を受けることが日常に慣れています。

他にも、「今回の件はこちらではイメージがまだないので、デザイナーからの提案に任せます。デザイナーの新しい感性で提案してほしい」というクライアントからのオーダーに対して、いろいろ考え提案を行うと「我が社で考えているものとイメージが違う。再検討してほしい」となることがよくあります（これ、本当によくあるのです）。

こういう場合、だいたいがどのようにイメージと違うのか、と問うても答えが得られることはありません。「クライアントにイメージがないこと」は事実で、提案したものが「イメージと違うこと」もまた事実なのです。

このようにデザイナーの日常には、不確実で曖昧な要件があふれ、それに日々対処していかなければなりません。そのなかでデザイナーは不確実で曖昧なことの先にある、新しい意味を探ります。そのためには単に会話のなかに現れる「ことば」を表面的に理解するだけではなく、その背後にある文脈と、ものごとの理解のされ方自体を問う必要があるのです。

② 深い共感に従事することで、人々の理解のしかたを理解する

ある会話の文脈と、その背景にあるものごとの理解のされ方自体を問うためには、まず自分自身の持つ固定観念やメンタルモデルを捨てなければなりません。既存のフレームワークでものごとを見てしまうと、そのフレームワークにとらわれ、そこから逸脱するもの・こぼれ落ちるものが見えなくなってしまうからです。だから、デザイナーは往々にして、既存のフレームワークを使うことは避け、できるだけ直感を信頼します。

調査データとしてまとめられたものに対しても、それをそのまま受け入れず、その背後にある解釈や整理のされ方に留意します。そのデータはどのように得られたものか、どんな観点からどんな特性を持つ人によって整理されたものか。だから、デザイナーはできるだけデータ上の「抽象化されたユーザー」ではなく、自分で直接「現実に存在する人」に会い本物の共感を得るように努力します。そして、その人々のものごとに対する理解のしかた自体を理解しようと努めていきます。

仮に、社員のエレベーターに対する不満や改善意見を募ったとしても、おそらくエレベーター自体の仕様を改善する方向への意見しか得られないでしょう。そこで、実際の社員に会い本物の共感を得

ることではじめて、エレベーターを待つことに対して人々がどのような意味を見出せる可能性があるのかが見えてくるのです。ただし、その共感のしかたにも工夫が必要です。単に視覚的な観察や、聴覚的なヒヤリングだけでは本物の共感には至りません。

③ 五感をフル活用する

そこで、五感をフル活用することが必要になります。デザイナーは視覚と聴覚の2つの感覚だけでは、十分に心の底から人々を魅了するものをつくることはできないことを理解しています。実際に、消費者心理学やブランド論においても、よいブランドや経験は、神経伝達を通して多くの感覚に訴えかけていることが明らかにされています。人々がそのことばを発しているその瞬間、触覚や嗅覚、味覚においてどのような刺激が感知されているでしょうか？

家でも、星でも、砂漠でも、それを美しくしているのは、目に見えないものなんだね[7]。

このサン・テグジュペリの『星の王子さま』の一節のように、私たちの日常において、大切なものは目には見えないことが多いのではないでしょうか。デザイナーはそこに留意します。人・環境に対して本当に共感するためには、五感をフル活用することがとても重要です。でも、そのためにはコツがいります。日常生活ではどうしても私たちは視覚と聴覚に頼りがちだからです。そのコツが「遊び心」です。

④遊び心を持ってものごとに息を吹き込む

子どもの遊び場は、五感の刺激にあふれていることが容易に想像できるでしょう。私たちは遊びによって五感を通して感じ、学び、さまざまなことを理解し身につけてきたはずです。だから、そのプロセスを疎かにすることはできません。デザイナーは遊び心の持つ大きな力を信じています。

特に、遊び心を持っていろいろ試してみることには、ものごとの根本的な理解とその再考を促し、浅はかな理解を覆す力があります。その力によって、ものごとの新たな理解や解釈が呼び起こされます。遊び心から生まれる、大人にはバカバカしいとさえ思える根本的な質問によって、ものごとの凝り固まった考え方に挑戦することができるのです。エレベーターの横に鏡を取り付けるというアイデアも、このような遊び心と根本的な質問なしには生まれないでしょう。

デザイナーは遊び心を持って、ものごとの凝り固まった考え方に挑戦します。このような態度は、特に近年の行政組織におけるデザイナーの介入事例に象徴されています。政治的に繊細な問題に脅かされることなく、民主的なプロセスを遂行し、プロジェクトを前に進め未来のシナリオを描くために、デザイナーのこのような態度が今や社会に欠かせないものとなっているのです。

ただし、企業のセミナー等でデザイン態度について話すと、この「遊び心を持つ」というのが普段のビジネス現場では難しい、ハードルが高い、という感想をいただくことが多くあります。どうもビジネスの文脈において「遊び」ということばには、みなさんはまだ抵抗感があるようです。

「仕事」と「遊び」が対立概念・反対語として捉えられがちなように、遊びという響きには、不真面目さがイメージされてしまうのかもしれません。もちろん、ビジネスにおいて遊び心を持つ、ということは不真面目さを取り入れる、ということではありません。むしろ、とてもまじめに「遊び心」に宿るビジネスに有用な要素を取り出そうとしています。

これは、以前に学生と話をしていた時、「おもしろい／おもしろくない」がうまく伝わっていないことに気づいたことと似ています。学生のプロジェクトに対するアドバイスをしていた時のことでした。

私が「それじゃおもしろくない。もっとおもしろくできないか？」というようなことを言ったところ、「これはまじめなプロジェクトなので、私たちにはそんなふざけたことできません」のような答えが返ってきて、噛み合いませんでした。私はそこで「おもしろい」を「興味をひく」という意味で使っていたのですが、どうやら学生たちは「笑いをとる・ふざける」という意味で解釈していたようなのです。私は「interesting」の意で、学生たちは「funny」の意で解釈していた、ということです。

ビジネス文脈における「遊び心」の解釈もこれに似ているように思います。ビジネスでの「遊び心」の効能のひとつは、ビジネスに「おもしろさ」の意を取り入れることであり、その「おもしろさ」とは、知的興味をそそり（interesting）、人を楽しませて満足させ（enjoyable）、なごませ（entertaining）、興奮させる（exciting）ことの意である、と解釈できます。

元ラグビー日本代表監督の平尾誠二が、次のように言っています。

プレーヤーって直訳すると、『遊ぶ人』でしょう。ゲームだって、直訳は『遊び』です。ところが日本語では、『選手』『試合』です。意味が違う。仕事も同じですが、日本では楽しむという意識が忘れられがちなんです[8]。

訳語から「遊び」の意がこぼれ落ちてしまったことで、私たちは「楽しむ」という意味をそこに見出せなくなってしまったのかもしれません。「遊び心」に宿るビジネスに有用な要素も同様でしょう。ビジネスに「楽しむ」という概念を取り入れるために、「遊び心」が重要なのだと思います。

でもここで、なぜビジネスに「楽しむ」という概念が必要なのか、ということを問うておかなければならないでしょう。株式会社MIMIGURI代表取締役の安斎勇樹は、組織変革について次の2つのアプローチを定義しています[9]。

1 Painful Approach（痛みを伴うアプローチ）

変化の妨げになっているが、たしかに〝今ここ〟で起きている既存の組織システムに内在している事象や葛藤に向き合い、痛みを伴いながらも組織システムを変化させるアプローチ

2 Playful Approach（遊び心あるアプローチ）

実験的に日常とは違うモードで活動をしてみることで、既存の組織システムを異化し、新たな組織システムの可能性を楽しみながら探索するアプローチ

ここで、これまでの組織変革が、「『ネガティブな感情』に向き合いながら『痛み』を伴って変化することを促していくアプローチ」であったことが指摘され、それは「『楽しそうでないから、あまり

やりたくない』と感じてしまうのです（苦笑）」と述べられています。「楽しそうでないから、あまりやりたくない」ということばに、すべてが凝縮されているように思いませんか？

この「痛みを伴うアプローチ」には、心当たりのある方がとても多いでしょう。それは確かに誰も率先してやりたくありません。これを返せば、「楽しそうであれば、やりたくなる」ということになり、それがビジネスにおけるモチベーションを喚起する最良の方法ということになるのだと思います。そうであれば、「ビジネスに『おもしろさ』や『楽しさ』を取り入れる、でよいのでは？『遊び心』まで言う必要ないですよね？」と言いたくなるかもしれません。でも私たちはやはり「遊び心」まで言う必要があると思っています。「遊び」が重要な点はさらに、「それが誰に言われたからやるわけでもなく、目的やルールが決まっているわけでもないこと」そして「身体・五感をフル活用して取り組むこと」にあるからです。

ここまで読まれた方はもう気づいているかもしれません。「それが誰に言われたからやるわけでもなく、目的やルールが決まっているわけでもない」ということは、これまでビジョンについて／意味について私が述べてきたこととほぼ同じであると思われませんか？

そしてもう一方の、「身体・五感をフル活用して取り組むこと」は、デザイン態度の要素のひとつである「五感をフル活用すること」と同様です。これでビジョンを明確に持つこと、意味の探求、デザイン態度、遊び心のつながりが見え、本書が主張しようとしている言語体系（今のことばでは「世界観」というほうがわかりやすいらしいです）が捉えられてきたのではないでしょうか。

⑤ 複雑なことから新たな意味を創造する

そして、これまで述べてきたように、デザイナーは複雑で不確実で曖昧な現実から新たな意味を創造しようとします。デザインとはものごとに意味を与える行為であるからです。

ここまでデザイン態度について述べてきましたが、その特徴がつかめてきたでしょうか？　そして、何か気づいてきたことはありませんか？　おそらくこれらのデザイン態度の特徴は、何もデザイナーだけに特有のものではなく、私たちが多かれ少なかれ日常で行っている態度でもあるのではないか、と思われたのではないでしょうか？

確かにそうなんです。しかし、ビジネス現場でそれが発揮されることは非常に少ないのです。発揮されていたとしても、あくまで個人的な行為にとどまり、それが組織的に活かされていることはほとんどありません。私たちはこの現状はとてももったいない状況だと思っています。

今はまだデザイナーと言われていない人たちのデザイン態度を掘り起こし、それらをビジネス現場に結びつけ、企業における組織的な活動に活かすことができれば、不確実な将来への不安と閉塞感に悩む今のビジネス社会に大きく貢献できるはずです。

なぜなら、これまで見てきたように、不確実な現実を受け入れ、未来の新しい意味を創り出していくのがデザイン態度だからです。私たちは、それこそがビジネスパーソンが持つべき新しいリーダーシップ要素のひとつになるものと考えています。

もちろんそこでは同時に、デザイン態度の育成も必要になります。次はどのようにデザイン態度を育成できるかについて考えてみましょう。

1-3-4 デザイン態度を育むためのワークショップ

デザイン態度の構成要素5つはそれぞれ連関しています。だから、そのつながりを意識して理解することが重要です。ここでは、そのうち「深い共感に従事することで、人々の理解のしかたを理解する」と「五感をフル活用する」に注目して、それらを体感的に理解するために、デザイン態度的ワークショップを実施してみようと思います。紙と鉛筆（または、メモできるデバイス）をご準備ください。

このワークショップは、私たちの五感のうち「聴覚」と「視覚」（とそれらの相互関係）に着目し、いくつかのエクササイズ（自分で考える・やってみる）と、リフレクション（エクササイズを振り返り、その意味を考える）で構成されます。リフレクション自体がエクササイズになっていることもあります。さあ、始めましょう。

では、エクササイズその1：

「あなたの今いる場所で、3分間に聞こえた音をすべて書き出してみてください。」

これができたら、引き続いて、エクササイズその2：

「書き出した音のリストに、印象の強い順に番号（順位）をつけてください。」

今回の一連のエクササイズは、カナダの作曲家R・マリー・シェーファーの著書『サウンド・エデュケーション』において示されている課題からヒントを得て、アレンジしたものです[10]。彼は、ある場所や地域の景観や風景を視覚的に捉えた「ランド・スケープ」に対して、それを聴覚的に捉える「サウンド・スケープ（音の風景と訳される）」という考え方を提唱しています。

サウンド・スケープは、単にその場所や地域に「どんな音があるか」ではなく、人々が「どのようにその音を聞いているか」を重視します。だから、このエクササイズその2は、聞く人の主観による印象を問うものとなっています。ここでどんなリストと順位ができあがったでしょうか？

次に、エクササイズその3：

「そのつけられた順位にどんな意味が見出せるでしょうか？」

おそらくそこには単なる音の強弱ではなく、自分にとっての意味の強さが見出されるはずです。同じ場所にいても、人によって聞こえる音は違います。いや、正確に言うと、聞こえる音たちは一緒であっても、その意味の順位付けが異なります。つまり、聴覚的な観点から言えば、ある空間は人によってまったく違う意味を持っていることになります。

さらに、エクササイズその4：

「そのつけられた順位は、視覚とどのような関連性があるでしょうか？」

あなたの音の印象の順位は、視覚的な印象の順位と一致するでしょうか？　残念ながら、今あなたの手元のリストと順位を確認できないので断言できませんが、これまで学生や私自身がこのエクササイズを行ってきた経験から言うと、視覚と聴覚の順位が一致することはあまりありません。それはなぜでしょうか？

ここでよく考えてみると、私たちは普段視覚が優位だと言いながら、

「視覚的に何かに気づく（何かを見る）↓その後で音を知覚する（音を聞く）」

という順番よりも、

「聴覚的に何かに気づく（音を聞く）↓その後で目を向ける（その対象を見る）」

という順番のほうが一般的なことに気づきませんか。何かの音に気づいて、そちらを見る、ということのほうが多いはずです。つまり、同じ対象物に対して視覚と聴覚を同時に使っていることは実は意外にそう多くないのです。私たちはあるものを見ている時に、同時にそのあるもの以外の音を聞いています。

マルチメディアの時代になってから、私たちは確かに視覚と聴覚で同時に同じ対象を知覚することに慣れるようになりました。映画やテレビは、その画面が表しているもののフレーム内にある音が聞こえてきます。しかし、実際の生活では視覚と聴覚はそう一致していないのだと思います。

例えば、試しにこのエクササイズを自分の職場・仕事場で実施してみてください（仕事場を思い浮かべてやってみてもよいです。エクササイズその1ですでに職場・仕事場で実施された方は、場所や仕事の場面を少し変えてもう一度実施してみてほしいと思います）。

そこで意識していただきたいのは、あなたが仕事を行う際に、視覚的に集中していること以外の多くの音を聞いている（かもしれない）、ということです。PC画面に集中している時に、仕事場のどんな音が耳に入っているでしょうか？ 会議の時に、発話者以外のどんな音を聞いているでしょうか？ コピーをとる際には、そこでどんな音を聞いているでしょうか？

そう、ここで行っているのは職場・仕事場のサウンドスケープです。そしてさらに、エクササイズその2で行ったように、そこに順位付けをしてみてください。できれば複数人でその結果を比べることができれば、気づきが多いことと思います。おそらく、仕事場・職場の音風景はあなたと他者では大きく異なるはずです。

そして、もしかしたら、そこに体内音（心拍・呼吸・血流・関節の音など）をリストされている方もいるでしょう。でも、このようなエクササイズをあえて実施しなければ、仕事場・職場の音風景において、自分の体内音がリスト化されること（＝意識されること）は少なかったのではないでしょうか？ これらの体内音はもちろん、自分にしか聞こえません。そして、その音は自分の感情・気分によって変わります（さらに言えば、それは自分の身体のことなのに、自分でコントロールできません）。その点ですでに、環境の音風景は他者とは異なることが確実であることに気づくでしょう。冒頭に指摘したように、その環境における音とは、単に「どんな音があるか」ではなく、そこにいる人々が「どのように音を聞いているか」においてのみ定義できるのです。これは「音の意味」自体を問うことにほかならないでしょう。

ここまで、本の中でのワークショップという実験的な試みを行ってきました。まとめのために、最後のエクササイズ／リフレクションを課したいと思います。

エクササイズその５：

> 「ここまでのエクササイズで得た気づきは、ビジネスにおけるリーダーシップ育成にどのように役立つでしょうか？」

このまとめは次に詳しく考察していきたいと思います。まずは、あなた自身の考えをまとめてみてください。特に今回注目したのはデザイン態度の要素のうちの「深い共感に従事することで、人々の理解のしかたを理解する」と「五感をフル活用する」です。これらとビジネスにおけるリーダーシップ育成とのつながりについても考えてみてください。

1-3-5 ワークショップの種明かし

さて、前項で行ったワークショップの振り返りをしていきましょう。各エクササイズは、別の言い方をすると、音の認知における「図と地」の関係に着目したものです（「図と地」とは、19世紀末～20世紀初頭にドイツ・オーストリアにて提起されたゲシュタルト心理学（形態心理学）によるもの）。ここでの「図」とは、ある対象において、まとまったかたちとして知覚される部分のことで、その背景となる部分を「地」と言います。

例えば、ある見方では「人の顔が向かい合った絵」に見え、別の見方では「壺」に見える絵をご存じでしょうか。「ルビンの壺」と呼ばれるこの絵は、だまし絵としてメジャーなものなので、たぶんどこかで見たことがあると思います。

このルビンの壺を、「人の顔が向かい合った絵」として見る場合は「人の顔＝図」となり、その背景が「地」となります。逆に、「壺の絵」として見る場合は「壺＝図」となります。つまり、私たちが意味を見出すことができる部分が「図」として知覚され、他は「地」として背景に退きます。ルビンの壺では、私たちがそこに何を見ようとするかによって、図と地の関係は反転します（これがだまし絵たる所以です）。

私たちが行ったエクササイズは、これを空間の音に当てはめたものです。空間にはさまざまな音があります。そこでどんな音を「図」として切り取るか、そして同時にどの音を「地」として背景に後退させるか、それは聞く人の主観によります。

ルビンの壺のように、私たちが今いる空間も一意（誰にとっても同じ）ではなく、人によってその意味づけが変わる（図と地の関係が異なっている）ことに気づいたでしょう。「サウンド・スケープ」は、その一意ではない、個人の多様な音風景を描き出そうと意図されたものでした。

そして、ルビンの壺において私たちは、「人の顔」と「壺」を同時には知覚できません。私たちは、「図」と「地」に対して同時に意味を付与することはできないのです。人の顔を見る時は、壺は背景に消えます。逆に、壺を見る時は、人の顔は背景に消え見ることはできません。

そう、私たちは避けようがなく「図とその意味」に囚われの身になってしまうのです。しかし、そこで「地」はまったく無になるわけではありません。そこに意味が与えられることをひっそりと待っています。「地」となっているものに私たちが意味を見出した瞬間、その主従関係は逆転し、「図」と「地」の関係はドラマティックに反転します。ルビンの壺において「人の顔」が「壺」に変わるように。

この体験は、私たちが世界や環境を認識する際に立脚する基本的な考え方（認識論と言います）を示してくれます。それは、誰もが同じく共有できる絶対的・普遍的な世界や環境はなく、世界や環境は主体によって異なるというものです（これを相対主義と言います）。

ある絵は、人（主体）によって「人の顔」でもあるし、「壺」でもあります。ある部屋は、人によって「積極的な議論が交わされる活気のある部屋」でもあるし、「大きな声の無駄話が飛び交ううるさい部屋」にもなります。世界や環境は、主体がそこにどんな意味を見出すかによって、まったく異なるものになるのです。

前項のエクササイズから、このような認識論的立場（認識論的相対主義と言います）がありうることを体験し、理解できるようになったと思います。私は最初にこの体験をした時、かなり驚きました。だって、世界の見方が変わったのですから。みなさんはいかがですか？

自分がそこにどんな意味を見出すかによって、世界や環境はまったく異なるものになります。ということは、同じ主体（同一人物）でも、その意味づけのしかたによって、世界や環境を多様に変えることができるということです。ここに、このエクササイズを「図と地」という枠組みから見てきた大きな理由があります。

私たちは「図とその意味」に囚われの身になってしまう（世界が固定化してしまう）一方で、その「地」に潜んでいる多様な意味を見出すことによって、図と地を反転させ、異なる世界をそこに出現させることができるのです。

この考え方は、あなたが何かに行き詰まった時や、新しいアイデアや展開を必要とする時に有用だと思います。たぶん、このような状況に陥った場合に一般的に言われるのは（そして、みなが悩む呪文のようなことばは）、「枠の外で考えてみよう」で、無理に別の場所に行ってみたり、無理にこれまでやったことのない体験をしてみたりしようとすることでしょう。一時流行った、若者の自分探しの旅のように。でも、みなさんお気づきのように、環境を変えるだけではあまり効果がありません。

ここで有用なのが「図と地の反転」の考え方です。今の自分の環境（認識する世界）において、自分が「図」として意味づけしているもの＝その意味にとらわれてしまっているものを理解・把握し、その背景にある「地」に目を向け、そこに潜んでいる新たな意味を見出すことができれば、自分にとっての世界はがらっと変わります。

環境を変える（物理的に移動する）だけで、「図と地」の関係を変えないでいては、いつまでも古い環境での「図」の意味にとらわれてしまっているので、そこに新たな意味は現出しません。逆に言えば、物理的な移動を伴わずに今いる場所においても、新たな意味を現出させることが可能になります。

「図」を成立させるためには、「地」がなければなりません。つまり、「図」があるところには必ず「地」があります。それは、光と影のように切り離せません。絵を描く時、私たちが描いている輪郭線は、もののかたちの外形線ではなく、「図」と「地」の意味を隔てる線です（だって、現実世界のモノゴトに輪郭線はありませんよね）。

つまり、私たちは「図」を描くことで「地」を描いているのです。返せば、「地」を描くことで「図」を描いていることになります（この意識が醸成できれば、絵を描く時、今まで以上にきっとスマートに描けるようになると思います。お試しください）。

そしてここに「深い共感に従事することで、人々の理解のしかたを理解する」と「五感をフル活用する」を絡めて考えるのが、デザイン態度であり、本書のオリジナルなところです（繰り返しますが、何ごとにも、オリジナリティを付与することが大事です）。さらに、「図と地」の関係・反転は、何も同一人物内や、同一感覚器官内で考えなくてもよいのです。

例えば、ある世界・環境において、主流であり多くの人が支持する考えを「図」として捉えれば、その背景にある「地」にはどんな意味が潜んでいる可能性があるでしょうか？　視覚的に認知できるもの（「図」）の背景には、聴覚的にどんなものが潜んでいる（「地」）でしょうか？　触覚的に特化した事象（「図」）を成立させている、嗅覚的な、または味覚的な背景（「地」）はないでしょうか？

これらの組み合わせで、モノゴトの認識の可能性はとても多様に拡がることがわかるでしょう。何かに行き詰まった時、新しいアイデアや展開を必要とする時の大きなヒントになるはずです。シャーロック・ホームズは、「そこにあるもの」よりも「そこにないもの」に注力します。事件の夜に番犬が吠えなかったことから、身内の犯行であることを推理したように（『白銀号事件』）[11]。これは「地」に着目した好例だと思います。

さらに、これがどのようにビジネスにおけるリーダーシップに関わってくるのでしょうか。私たちが今対峙しているビジネス環境も、誰もが同じく一意に認識できるような絶対的・普遍的なものではありません。自分たちの働きかけ方によって、その環境は変わります。

つまり、ビジネスや社会環境から何を「図」として切り出すかによって、そしてその背景となる「地」に目を向けることによって、世界の見方が変わっていくのです。組織のリーダーに求められるのは、自分たちのビジネスが進むべき環境の感知力と、それを組織の多様なメンバーに対して理解させるための意味づけの力です。これを経営学の理論では、「センスメイキング（Sensemaking）」と言います[12]。

センスメイキングとは、日本語に訳しづらいことばで、「納得」とか「腹落ち」とか言われます。この感覚に対応する最適な日本語がないので、この訳ではすっきり納得できないと思います。だから私は、ここに適切な日本語が見つかり、このモヤモヤが晴れ・スッキリした時に「わかった！」という感覚こそが「センスメイキング」に最もよく当てはまる感情だと思っています。

この意味で、「センスメイキング」はまだ日本人にうまくセンスメイキングできていません。このように自虐的に理解しておくのが、センスメイキングの意味を掴むために、一番的を射ているかもしれません。

さて、なぜ組織のリーダーに、この「センスメイキング」が必要とされるのでしょうか。それは組織を方向づけできる原動力となるからです。組織のリーダーは、組織を方向づけるためにセンスメイキングを以下のように用いています[13]。

1　多様な解釈のなかから特定のものを選別し、
2　それを意味づけ、周囲にそれを理解させ、センスメイキングしてもらい、
3　組織全体での解釈の方向性を揃える

ただこれは、何かひとつのスローガンを提示して、それに盲目的・従順に組織のメンバーを従わせることではありません。それは、メンバーの属する環境とその認知における多様な解釈を活かし、それをひとつの方向に導く力です。

例えば、スウォッチはその製品コンセプトに「ネクタイのような時計」という表現を用いています[14]。組織内では、企画、開発、生産、販売、経理などそれぞれの部署・立場によって環境の認知

が異なり（「図と地」の関係が異なる）、ゆえに自社製品の解釈（どの側面にこだわるか）も異なります。それらの解釈は、それぞれの部署・立場においては正当なものですが、そのままでは全社的にまとまりません（社内会議でよくある光景だと思います）。

そこでスウォッチでは、「ネクタイのような時計」という表現を用いることにより、それぞれの解釈を束ね、ひとつの方向性を提示しているのです。（ネクタイのような）何本も持てる時計、（ネクタイのような）ＴＰＯに合わせて選べる時計、（ネクタイのような）気軽ながら大人のプレゼントになる時計、（ネクタイのような）吊り下げられたディスプレイ、（ネクタイのような）価格帯……などのように。同時に顧客に対しても、「それが何なのか＝スウォッチの時計とはいったい何なのか？」がすぐに包括的に把握できるメッセージとなっています。

とはいえ、センスメイキングは社長クラスの組織のリーダーに必要な素養であって、権威を持った統率型のリーダーシップに役立つのはわかるけど、一般のビジネスパーソンにどう関わるのか、まだわからない、という声が聞こえてきそうです。確かにそうですね。そのためには、そろそろ「リーダーシップ」の捉え方自体について問わなければならない時が来たようです。ＯＫ、次章以降は「リーダーシップ」について考えましょう。

第2章 デザインリーダーシップとリーダーシップ

2-1　リーダーシップ論のパースペクティブ

2-1-1　経営学におけるリーダーシップ

リーダーシップとは一般的に、「特別な権威や能力を持った特定の個人が発揮するもので、上から引っ張るようなイメージ」として捉えられがちです。しかし、リーダーシップはもっと広い概念やスタイルで構成されており、それらは経営学で詳細に検討され分類されています。例えば、このようなスーパーマンのようなリーダーが上から引っ張るようなリーダーシップのスタイルは、経営学においては「カリスマ型」や「変革型」に分類されています。

「カリスマ型リーダーシップ」とは、１９８０年代の不況にあえぐアメリカの社会状況を背景に、人々が将来に不安や心配を抱きリーダーに頼りたくなる心境から、コンガーとカヌンゴによってまとめられたリーダーシップのひとつのあり方です。

一方、「変革型リーダーシップ」とは、やはり同様に１９８０年代の不況にあえぐアメリカの社会状況を背景にした、主にコッターが提示したリーダーシップのひとつのあり方です[1]。ここで「マネジメント」と「リーダーシップ」が分けて考えられたことに大きな特徴があります。

しかし、リーダーシップの捉え方は近年、それを「個人のもの」と捉えるのではなく「人々の間の相互作用により構築される集合的な現象である」と捉える方向にシフトしています。それらは「分担型」「共有型」「集合的」という言い方で分類されています[2]。

このうち代表的なものは「共有型（シェアド）リーダーシップ」です[3]。これまでのリーダーシップ研究では、公式な特定の地位にある一人のリーダーがメンバーに発揮する力や特性が対象にされてきました。その一方で、この見方は、公式な地位の有無にかかわらず、複数名でリーダーシップを発揮することを前提したものです。

ここまで見てきたところで、リーダーシップの捉え方が「特定の個人」から「集団での相互作用」まで拡がっていることが明らかになってきました。これで、前述したような「リーダーシップとは、特別な権威や能力を持った特定の個人が発揮するようなものだけではない」ということの理解にたどり着きました。

さらにここでもうひとつしっかり押さえておきたいのは、「上から引っ張るようなイメージで捉えられるものだけではない」という点です。それには「サーバント（召使い）・リーダーシップ」という捉え方を知ればクリアになるでしょう。

以下に、グリーンリーフ『サーバントリーダーシップ』の監訳者あとがきをまず引用します[4]。

フォロワーに対して、いかにもリーダーらしく偉そうに振る舞うと、リーダーシップを失い、逆に、フォロワーに対してサーバントとして尽くすほうがかえってみんなに慕われ信頼されて持続するリーダーとなる。(中略)

ここに通常のリーダーシップ論が想定しがちな、カリスマや英雄のイメージはない。また、並外れたオリジナリティや、絢爛で勇猛なリーダーシップ論の新機軸があるわけでもない。しかし、不思議にも、そこにこそ、穏やかながら、心から信じることができるリーダーシップ像がある。

このように、サーバント・リーダーシップとは、メンバーに奉仕し、日頃は目立たないけれども、メンバーの大きな支えになる、という観点からリーダーシップを捉えたものです。つまり、これまで優勢だった「変革型リーダーシップ」でイメージされるような、メンバーの前面に立ち、みんなを引っ張っていくようなリーダーとは対極で、メンバーを「下から支える」というイメージです。

あなたの職場、身の回りで(またはこれまでの環境で)、こういう力を発揮している人が何人かはいる(いた)のではないでしょうか。でも、そのような人はリーダーシップがある、と捉えられていたでしょうか?　このような態度もサーバント・リーダーシップという観点から見れば、立派にリーダーシップが発揮されたものと捉えられるのです。

ざっとリーダーシップの捉え方について見てきましたが、組織論やリーダーシップ論を学んだことがある人には、基本的すぎた話かもしれません。とはいえ、ここまでの整理で「リーダーシップとは、特別な権威や能力を持った特定の個人が発揮するもので、上から引っ張るようなイメージで捉えられるものだけではない」ということが、まず理解できたかと思います。

2-1-2　政治学におけるリーダーシップ

リーダーシップの研究知見は、経営学だけに存在するわけではありません。リーダーシップが求められる社会の代表格には、政治家が考えられるでしょう。ということは、政治家を研究する領域でリーダーシップが研究されていると考えるのは至極当然のことですね。

そこで、政治学におけるリーダーシップを見ておきたいと思います。そのために石井『リーダーシップの政治学』[5]をテキストとして取り上げます。特に、経営学での視点との違いに焦点化して見ていきましょう。

さっそく、以下のように述べられている箇所を見つけました。

> 政治学的な研究に共通の傾向としては、それがいわゆる資質論に重点を置いていることが挙げられる。この点は、経営学や心理学などの分野において、資質論よりも行動論の展開に比重の重きが置かれてきたのと対照的である[6]。

資質論とは、リーダーシップをリーダー個人に備わっている特殊な才能や技量に求める考え方のことです。なぜ政治学では資質論的解釈が優勢なのでしょうか？　以下のように述べられています。

企業組織をはじめとする民間の社会組織のリーダーシップと国家のような公的な社会組織のリーダーシップを比較した場合に、後者は前者よりもその権力体系が制度的に公式なものであるがゆえに、当該リーダーシップの人間的な資質や特性が政策のいかんに反映される傾向が高いと考えられる[7]。

ここで「権力体系が制度的に公式なもの」というところがポイントです。政治学では、リーダーシップが発揮される立場や機会が制度的に与えられることを前提に議論が進行します。一方で、経営学ではリーダーシップをマネジメントと比べ相対的に見る視点が特徴的だったことを思い出してください。ここに、政治学と経営学におけるリーダーシップの捉え方の大きな違いがひとつ確認できます。

他に、次のような点が政治学に特徴的な視点として述べられています。

政治学を中心とした諸業績においては、リーダーにふさわしい人物の資質だけでなく、逆にリーダーにふさわしくない人物の資質が論じられる傾向にあるという点である[8]。

確かに、これまでネガティブな側面からリーダーシップを検討する場にはあまり出会いませんでした。リーダーにふさわしくない人物の資質としてここでは、情緒主義者、虚無主義者、諦観主義者、自然主義者が挙げられています。

さらに、以下にも注目できます。

政治的リーダーは、対面型リーダーシップと遠隔型リーダーシップの二種類の方法を活用する[9]。対面型リーダーシップは、一人一人のフォロワーと個別に面接したり、少人数で相談したりするようなリーダーシップであり、遠隔型リーダーシップとは、不特定多数の大衆を相手にメディアを利用してリーダーシップを発揮するような場合の手法である[10]。

この「遠隔型リーダーシップ」という観点も、政治学的視点ならではのものであると思われます。もう少し詳しく、以下のように説明されています。

議論の中でも、時代の転換や変革を読み取る洞察力や国民を説得する弁舌やヴィジョン構築の創造性、人目を引き付ける象徴としての人柄や外見などの部分で指摘されている[11]。

ここで「ヴィジョン構築の創造性」とつながってきたことに特に注目できます。そしてまた、「人目を引き付ける象徴としての人柄や外見など」というところで資質論として捉えられる妥当性も担保されています。

ここまで、経営学で捉えられるリーダーシップとの「違い」に集中してきましたが、政治学で捉えられるリーダーシップの「類型」についてもう少し詳しく整理して把握しておきましょう（表１）。この類型に政治的リーダーリップの特徴がはっきりと表れています。

「創造的リーダーシップ」は、私たちが検討してきたデザインの特性に親和性があるものと考えられます。でも、これでは「特別すぎ」で「強すぎ」ます。おそらく、この特別で強い個人に内在する政治的な「創造的リーダーシップ」の要素を、どのように一般的なビジネスパーソンに敷衍・普及させるか、ということが私たちの課題となるところだと思います。

「管理型リーダーシップ」は、私たちが経営学に抱く「リーダーとマネージャーの差異を検討するばかり」という限界を超えられる大きなヒントとなるということがわかります。マネージャーの行為のなかにも当然リーダーシップは含まれます。それがリーダーとマネージャーとの比較という枠組みを持ってしまうと描き出せないジレンマがありますが、この「管理型リーダーシップ」という捉え方でいくと、それを乗り越えられそうです。

「象徴的リーダーシップ」という捉え方は、経営学の視野にある企業組織のなかではなかなか出てこないでしょう（でも、考えようによっては、このようなリーダーシップが発揮されている企業が思い当たらないこともないですね）。

さて、ここまで経営学的観点、および政治学的観点からのリーダーシップ論を見てきました。当然ながら、これらの既存のリーダーシップ論において、私たちがこれまで見てきたようなデザインが持つ特性について明示的に言及されたものはありません。よって、今ここに「デザインリーダーシップ」ということばを正面から捉えるタイミングが来たようです。

表1　政治的リーダーシップの3類型の整理（石井（2004）の記述をもとに作成）

	創造的リーダーシップ	管理的リーダーシップ	象徴的リーダーシップ
タイプ	国家の指導者として非常に意欲的に活動し、かつ強力な指導性と強制性を持ちつつ独裁的なリーダーシップを発揮するタイプ	より下位の意思決定については多分に民主的な過程を取り入れながら、同時に、人事などの重要事項や組織戦略面の最終的な決定についてはむしろ絶対的な権力を行使するタイプ	国家の実務的な指導者というよりもむしろ対外的シンボルや広告塔としての役割に重きが置かれているタイプ
特徴	政治的リーダーに最も多い	民間組織で最もよく見られる	国民統合の精神的かつ文化的な役割を果たす
カテゴリ	権威主義的リーダー、カリスマ的リーダー	行政的リーダー	日本の天皇制、イギリスの王制、議員内閣制における大統領
資質／要素	個人的資質が、行動的要素や状況的要素よりも重要	個人的資質よりも、行動的要素や状況的要素	血統や門閥などの個人的資質が重要な意義を持つ
活躍の場面	国家の政治経済システムを抜本的に改革したり、まったく新しいシステムを導入したり、外交路線を大きく転換したりするような場合	派手ではないが、実直で堅実な国家体制の整備を遂行していくような場合	左2つのリーダーシップが遂行している作業の過程において国家体制の持続的な存在意義を保ち、国民にとっての精神的な拠り所となる
国家の発展段階における適合性	黎明期、離陸期および、衰退期、再生期	発展期、安定期	安定期、成熟期
国際関係の位置付けにおける適合性	国際社会において大きな力を有する中心国や準周辺国に上がりきれない周辺国である場合および、中心国から準周辺国・周辺国へと没落していく兆候が見られる場合	準周辺国から中心国に上がっていく過程	中心国

デザインリーダーシップということば自体は、私たちが生み出した造語ではありません。それはデザインマネジメント分野で、１９８０年代から企業経営陣が自社のデザイン資源を理解し戦略的に活用するための知見、つまり、デザインを企業経営における重要な資源に位置づける考え方として研究されてきました。

さらにデザインリーダーシップ研究は今、企業に働く人々が互いによい関係をつくり、よい影響を与え合いながら、自分の働き方や生き方を「自分で」創り出していく姿勢やマインドを、企業のクリエイティビティやイノベーションマインドを高めていくための貴重な経営資源として捉える領域として発展しています。

実際に世界では「デザインリーダーシップ」の研究はどれくらい進んでいて、どんなことが言われているのでしょうか？　そして重要なのはそこにどんな「課題」があるかを知ることです。

2-2　デザインリーダーシップ研究の現在

2-2-1　どこから手をつけるか？

ここからは、デザインリーダーシップの研究・論文を取り上げ、内容を検討することで、デザインリーダーシップ研究の現状把握を行っていきたいと思います。ただ、その意図は、すでに定義されたデザインリーダーシップを理解し、これからそれに忠実に従おうとすることではありません。

私たちの目的はあくまで、既存のデザインリーダーシップ概念の不備や不足を明らかにし、私たち独自のデザインリーダーシップ概念を確立することにあります。これは忘れないようにしておきたいと思います。

まず、最初にこの論文を取り上げてみましょう。

Muenjohn, N. and McMurray, A. (2017).（ムエンジョンとマクマレイ（２０１７））
"Design leadership, work values ethic and workplace innovation: an investigation of SMEs in Thailand and Vietnam[12]"

と、さらっと取り上げてしまいましたが、みなさんが気になるキーワードに関する研究や実践を把握したい時、どの論文から（または、どの本から）読み始めるべきか、悩まれるかもしれませんね。あなたならどう考え、どこから手をつけるでしょうか？ どのような論文や本（以下、論文に統一しますが、本についても同様です）から手をつけたらよいと考えるでしょうか？

実際にこのような質問をよく受けるので、ここで筆者らの考えを述べておきます。まずこのような場合に考えられるのは、以下のようなものでしょうか。

・研究領域を代表するような論文
――例えば、デザインリーダーシップ研究と言えばこれだ！というもの
・代表的な研究者が書いた論文
――デザインリーダーシップ研究と言えばこの人だ！というもの
・重要な用語を定義している論文
――デザインリーダーシップとは○○である！と定義しているもの

このどれも入り口としては間違っていません。実際にこれらのプロセスを具体的に検討してみましょう。


まず、研究領域を代表するような論文を探してみましょう…

ん、どうやって？　思いつくキーワードを入れて検索すれば、関連論文はリストアップされるかもしれない…

いろいろ、出てきた。でも、どれがこの研究領域を代表するような論文なのか…

わからない…

じゃ、代表的な研究者なら見つかるだろうか？…

これも同じだ。リストアップはされるかもしれないが、だれがこの研究領域を代表する人なのか…

わからない…

そう、実はこの入り口から入ろうとするは間違ってはいませんが、欲しい論文にたどり着くのはとても難しいのです。この入り口は、あらかじめ調べたい領域の代表的な研究者やその定義を知っていないと使えません。

当たり前ながら、何か気になるキーワードに関する研究や実践を把握したい時、私たちはそれすらよく知らないことのほうが多いでしょう。そもそも私たちは、それを調べようとしているのですから。

さあ、どうしましょう?

やはり困った時は誰かに聞く、というのが早道かもしれません。誰かこの領域に詳しい人に聞いてみましょう。

(あなた)「この研究領域を代表するような論文を教えてください……」
(詳しい人)「A論文とB論文が代表的だから、これらを読めばよいよ。」
(あなた)「ありがとう!」

いきなり、研究領域を代表するような論文をゲットできました。確かにそれを読めば、この分野の代表的な知見が理解できるはずです。だからこれでOK…でしょうか?

この場合、あなたはいきなり目的地にピンポイントでたどり着くことはできます。そこに誰(代表的な研究者)がいて、どんなことが起こっているか(研究内容)を知ることも可能です。それは研究領域を代表するような論文ですから、その地の歴史(研究領域に関するこれまでの流れ)も理解できるでしょう。

であれば、それでいいじゃないか、と思われるでしょうか。本当に？　何か忘れていませんか？　あなたはいきなり目的地にピンポイントでたどり着きました。でもいったいそこはどこでしょう？　まわりはどのようになっているのでしょう？　つまり、あなたは今、地図を持っていません。自分の立ち位置を俯瞰的に眺めることができないのです。

これで、ある研究「領域」を把握したということには、たぶんならないでしょう。裏返せば、ある研究領域を把握するということは、その研究に関する地図を持つこととも言えます。

だから、私は巨人（研究領域を代表するような研究者のこと）の論文や、キラー論文（領域を代表するような論文のこと）から手をつけることはあまりおすすめしません。それでは、地図を持てないからです。じゃあ、地図を持つためには、どのように論文を探して、どのような論文から読み始めればよいのでしょうか？　問いは振り出しに戻ってしまいました…。

また振り出しに　戻る旅に　陽が沈んでゆく[13]

…実はこれ、あまり悩むべきところではないのです。

私たちのおすすめは、この研究領域に引っかかる論文を適当に取り上げて読んでみる、ということです。本当に適当でよいのです。その理由は追ってわかります。だから、ここでも今回この論文を最初に取り上げる理由は特にありません。

いろいろ話を引き伸ばしてしまいましたが、この論文の内容に入っていきましょう。まずタイトルを訳してみましょうか。

Design leadership, work values ethic and workplace innovation: an investigation of SMEs in Thailand and Vietnam

デザインリーダーシップ、仕事の価値倫理、ワークプレイス・イノベーション：タイとベトナムの中小企業における調査

という感じでしょうか。この"work values ethic"がうまく訳せないのですが、こういうのは特定の定義を持った専門用語の可能性が高いです。そうであれば本文中に述べられているはずなので、後でわかってくるでしょう。ということで今は「仕事の倫理価値観」と直訳を並べておきます（意味がとれていれば、そのまま進めて問題ないかもしれませんし）。

「ワークプレイス・イノベーション」も何だかカタカナにしただけで、訳としてはイケていません。ただ、「ワークプレイス」は、仕事場・職場・作業場のように複数に訳せます。日本語で解釈してしまうと、仕事場・職場・作業場とそれぞれ示す概念範囲がズレており、限定的になってしまうので、ここではそれらが重なる概念総体として「ワークプレイス」と表記しておきます。あえて日本語にするなら、「働く場所のイノベーション」という捉え方でよいでしょう。

2-2-2　自分の問いを持つ

では、この研究の中身を見ていきましょう。論文にはだいたい、最初に要約・抄録（Abstract）がつけられているので、まずそこを確認すれば概要が把握できます。この論文の Abstract を以下にざっと訳してみます。

この研究では、デザインリーダーシップ、職場の倫理価値観（WVE：workplace values ethic）、ワークプレイス・イノベーションの3つの関係を明らかにする新たなモデルを構築した。タイとベトナムの中小企業で行った696件の質問紙調査の分析によると、WVEがリーダーシップ行動に影響を与えることが明らかにされた。加えて、デザインリーダーシップは、ワークプレイス・イノベーションの4つの側面に大きな影響を及ぼしており、相互作用論の観点から得られる特徴が見つけられた。

さらに、他研究ではまだ十分に調査が行われていないタイとベトナムの中小企業における調査の結果、WVEとワークプレイス・イノベーションは、リーダーシップ行動によって媒介されることが明らかにされた。このように本研究は、デザインに関するリーダーシップ、イノベーション、価値の研究に貢献するものである。

これでこの研究のだいだいの内容がわかりました。このようにAbstractで概要を掴んだ後に、いつも私が行うのは、論文を読み進めていくための「問い」を用意することです。私はAbstractから疑問に思ったことを「探す」ように論文を読んでいきます。だから、小説のように最初から順に読んだりはしません。

その「問い」に焦点を合わせ、答えやヒントがありそうなところを見つけ、そこを集中的に読んでいきます。だから、読むというよりも「スキャンする」感覚に近いと思います。今回、デザインリーダーシップ研究領域の動向を把握するという目的を鑑みて、私がこの論文から知りたいのは、以下の3つです。これが私の「問い」です。

Q1　この研究において、デザインリーダーシップはどのように定義されているのか？

Q2　質問紙調査において、デザインリーダーシップに関する質問（デザインリーダーシップを測る尺度）はどのようなものであったか？

Q3　デザインリーダーシップが影響を与えているワークプレイス・イノベーションの4つの側面とは何か？

まず、Q1から見ていきましょう。研究論文では、だいたい最初に研究の目的が示された後、次に具体的にその研究に関わる先行・関連研究（Literature review）が示されます。本論文でもLiterature reviewにおいて、この論文が参照するデザインリーダーシップの先行研究が示され、その内容が検討されています。そのなかで自分が採用するキーワードの定義を明確にしていくのです。

以下に、この論文の Literature review に書かれている要点を４つにまとめます。ひとつずつ検討していきましょう。

> 要点1　デザインリーダーシップは、革新的なデザインのソリューションを生み出し、維持するためのリーダーシップのひとつの形態として説明されている（Muenjohn et al. 2015; Turner and Topalian, 2002）。

これがこの研究の前提となるデザインリーダーシップの定義ですね。その根拠には２０１５年のムエンジョンらと、２００２年のターナーとトパリアンの研究を参照しています。

この２つの研究を辿れば、デザインリーダーシップ研究の源流を遡っていけそうです。論文の最後には必ず参考文献リストが示されているので、実際にそれを辿っていけばよいことになります。参考文献リストには以下のように記載されています。

Muenjohn, N., Chhetri, P., Suzumura, Y., and Ishikawa, J. (2015) “Leadership, Design Process and Team Performance: A Comparison Betweeen Japanese and Australian R&D Teams,” *The Journal of Developing Areas* 49(6), pp.489-496.
Turner, R., and Topalian, A. (2002) “Core Responsibilities of Design Leaders in Commercially Deman

ding Environments," Inaugural presentation at the Design Leadership Forum.

これで、私たちが次に見るべきはとりあえず、この2つの論文ということに決まりそうです。後ほどこの2つの研究を見ていきましょう。

先ほど、研究領域の動向を把握する時にどの論文から読み始めればよいか、という問いに対して、私は「本当に適当でよい。その理由は追ってわかる」と言いました。これはもちろん、無責任に言い放ったわけではありません。

論文には先行研究の検討とその参考文献が必ず含まれており、それを辿っていけば研究領域の拡がりを理解していくことができます。そうすることで、ダイナミックに「地図」を描くことができるのです。私はいつもこの作業をワクワクして楽しんでいます。

さまざまな論文を辿って目を通していくうちに、多くの論文が共通に参照している研究者や論文がわかってきます。それを、巨人（研究領域を代表するような研究者のこと）や、キラー論文（領域を代表するような論文のこと）と呼びます。

私が巨人の論文やキラー論文から読み始めることをあまりおすすめしない理由がわかってきたでしょうか？　巨人の論文やキラー論文から読んでしまうと、メインストリームしか把握できません。つまり、それでは主要な都市と大通りしか書いていない地図しか手に入らない、ということです。適当に選んだ論文から入っていったほうが、小道や脇道から大通りにたどり着き、詳細な地図を把握しやすくなります。

入り口はどこの小道（どの論文）からでもよく、そこで参照されている論文を辿っていくことによって、研究領域のなかの詳細な網目（ネットワーク）を詳細に把握した地図を持つことができるのです。

もうひとつ、ここで気づいたことはないでしょうか？　そう、ひとつめの筆頭著者のムエンジョンは、今取り上げている論文の筆頭著者と同一人物です。発行年（２０１５年）を見ると、今取り上げている論文（２０１７年）より古いものですね。

ということは、この論文の前提となることが書かれているものである可能性があります。これはいわゆる「縦の流れ（時間の流れ）」を把握するということです。そしてもうひとつの別研究者の参照論文では「横の拡がり」を把握できるというわけです。つまり、私たちがつくる地図は「立体的／空間的」でもあるのです。

さて、２つめを見ましょう。

> 要点2　ターナーとトパリアン（2002）によると、デザインリーダーシップの特性は、デザインリーダーの中心的な責務（将来像を描き出す、戦略的意図の明示、デザインに対する投資の指揮）を通して示される。

ここでも、ターナーとトパリアン（２００２）が参照され、デザインリーダーシップについてより具体的に説明されています。どうやら、ターナーとトパリアン（２００２）に詳しくデザインリーダーシップの定義となりうることが述べられていそうです。私たちも後でよく確認しましょう。そして3つめ。

> 要点3　この中心的な責務（将来像を描き出す、戦略的意図の明示、デザインに対する投資の指揮）を通して、デザインリーダーシップは、組織のデザインとイノベーションのプロセスに重要な貢献をする。それによって、企業の持続的な競争優位性が生み出される（Design Management Institute 2006を参照）。

Design Management Institute 2006については参考文献リストを見ると、以下のように記載されています。

Design Management Institute. 2006. Paper presented to the 10th European International Design Management Conference, Amsterdam, March.

しかし、この参照はどうやら、具体的なひとつの論文を示しているのではなく、２００６年にアムステルダムで開催された国際会議（学会）での発表全体を示しているようです。そのテーマを調べてみると“Meeting the Challenges of Design Leadership”でした。ここで発表された研究も追って見ていく必要がありそうです。

ちなみに主催のDesign Management Institute（DMI）は、ボストンを拠点にした世界で一番規模が大きい、デザインマネジメントに関する学術および実践知を共有・議論している組織です。さらに、最後の4つめ。

要点4　しかし、これらの知見は実証的に検証されていない。

これは、ここまでこの論文の筆者が先行研究を見てきたことによってわかったこと、つまり他研究でまだ検討されていない点の指摘ですね。デザインリーダーシップとは何か、それが企業にどのように貢献するかについてこれまでに議論はされてきたけれども、それが実証された研究が（ほぼ）ないことが指摘されています。

実証とはこの場合、質問紙調査の回答分析によって定量的に検証したものを指しています。だからこの論文で質問紙調査による実証を行う、という宣言になっています。

次に、Q2について見ていきましょう。

Q2　質問紙調査において、デザインリーダーシップに関する質問（デザインリーダーシップを測る尺度）はどのようなものであったか？

これは論文のQuestionnaire（質問票／アンケート）というところに以下のように書かれています。

ムエンジョン（筆頭著者）とその同僚が作成したデザインリーダーシップに関する18項目の質問（Muenjohn et al., 2013, 2015を参照）を用いた。

このように述べられているので、それらの論文（Muenjohn et al., 2013, 2015）[14][15]を参照することにしましょう。

そこでまず、ムエンジョンら（２０１５）を見てみました（Ｑ１でデザインリーダーシップの定義においても参照されていたものです）。その内容を以下に要約します。

ターナーとトパリアン（２００２）（これもＱ１でのデザインリーダーシップの定義で参照されていたもの）から、以下の18項目の質問を作成した。

・将来像を描き出す（５項目）
・デザインに対する投資の指揮（４項目）
・戦略的意図の明示（４項目）
・イノベーション環境をつくり促進する（５項目）

ここまでは明らかになったのですが、それぞれの具体的な質問までは書かれていませんでした。もうひとつ参照している論文のムエンジョンら（２０１３）にも目を通しましたが同様で、具体的な質問内容は書かれていません。

どうやら、やはりターナーとトパリアン（2002）をよく見て確認するしかないようです（もちろん、最終手段としてムエンジョン本人に連絡をとって聞いてみることはできます）。

さらに進みましょう。

Q3　デザインリーダーシップが影響を与えているワークプレイス・イノベーションの4つの側面とは何か？

この論文ではイノベーションに関する先行研究から、イノベーションを結果ではなくプロセスと捉え、①組織、②雰囲気・環境、③チーム、④個人という4つの側面から解釈しています。そしてこの4側面をワークプレイスに当てはめ、ワークプレイス・イノベーションを定義しています。

また、この論文の分析で特徴的なのが、Abstract の冒頭に書かれていたように、デザインリーダーシップ、職場の倫理価値観（WVE：workplace values ethic）、ワークプレイス・イノベーションの3つの関係を明らかにした、ということです。具体的にこの3つの関係が、WVEとワークプレイス・イノベーションをデザインリーダーシップが媒介する、というモデルで示されています。つまり、WVEがデザインリーダーシップに影響を与え、デザインリーダーシップがワークプレイス・イノベーションに影響を与えている、ということになります。

そして、これまでこのWVE：workplace values ethic をうまく訳せずにいましたが、デザインリーダーシップに影響を与えている重要な要素であることがわかったので、もう少しここでよく見ておきましょう。論文ではどのように説明されているでしょうか。

・ＷＶＥは、仕事に関する価値観や態度の複合概念として定義されている（Miller, Woehr, and Hudspeth 2002）。
・この概念は、重労働、自立性、道徳／倫理、満足遅延行動、仕事中心性、余暇、浪費時間によって構成されている。
・それは、プロテスタントの労働倫理に基づいている。
・人々のＷＶＥを理解することは、マネジメントと従業員との関係を改善し、従業員の組織へのコミットメントと生産性を高めることに役立つ。
・しかし、リーダーシップ実践とワークプレイス・イノベーションにおけるＷＶＥの影響は、まだよく既存研究では明らかにされていない。

満足遅延行動とは、より価値の高い目標を達成するために、現在の即時的充足を自制し先延ばしすること（つまり、今はつらいけどガマンしておけば、将来によいことが待っているだろうと考えること）です。また、プロテスタントの労働倫理とは、「働く」ということの解釈において、天職としての仕事に励むことの必要性、現世での成功、魂の救済などが強調されるマックス・ウェーバー（ドイツの社会学者）の概念です。よって、ここでＷＶＥは「仕事に関する価値観や態度」と捉えておけばよいでしょう。

さて、ここまで一本の論文を丁寧に見てきましたが、そろそろ終わりにして次に移りましょう。その前に、この論文でわかったことをまとめておきます。

・デザインリーダーシップの特性は、ターナーとトパリアン（２００２）によって、①将来像を描き出す、②デザインに対する投資の指揮、③戦略的意図の明示、④イノベーション環境をつくり促進する、という4点によって示されている。

・２００６年にアムステルダムで、the 10th European International Design Management Conference が開催され、Meeting the Challenges of Design Leadership をテーマに、デザインリーダーシップに関する研究発表と議論が行われた。

・この研究では、デザインリーダーシップ、ＷＶＥ（仕事に関する価値観や態度）、ワークプレイス・イノベーションの３つの関係がタイとベトナムの中小企業で行った６９６件の質問紙調査により分析された。そこで、ＷＶＥとワークプレイス・イノベーションの関係がデザインリーダーシップによって媒介される、という新たなモデルが示された。このような関係を探るような質問紙調査による実証分析はこれまでになかった。

・具体的には、ＷＶＥがデザインリーダーシップに影響を与え、デザインリーダーシップがワークプレイス・イノベーションの4側面（①組織、②雰囲気・環境、③チーム、④個人）に影響を与えていることが明らかにされた。

これが、ここまでにわかったことです。次はさっそく、ターナーとトパリアン（２００２）に示されている（はずの）デザインリーダーシップの特性を詳しく見ていこう、と思ったのですが、この論文[16]が手に入りません。さっそく出鼻をくじかれました…。

しかし、あきらめずにさらに調べてみると、筆頭著者が同じ以下の本に、上の論文の内容がより詳しく書かれていることがわかってきました（こういうことはよくあるので、ある論文が見つからなくても、こうやってあきらめずに調べることが大事です…）。

Turner, R. (2013) *Design Leadership: Securing the Strategic Value of Design*, Routledge.

そこで、次はこの本の内容を見ていきましょう。おそらく、デザインリーダーシップの特性として、①将来像を描き出す、②デザインに対する投資の指揮、③戦略的意図の明示、④イノベーション環境をつくり促進する、という4点について詳しく書かれているはずです。

2-2-3　デザイン活動に従事する人々の知覚世界を追う——複眼的アプローチ

蝶の追跡とバッタの追跡では、われわれの知覚体験の向きがちがう。より正確には、はたらく感覚の配分比率が違うのだ。蝶を逃したとき、バッタを逃したとき、子供の頃のあの体験は知覚作用の根源性を開示する[17]。

急な引用に戸惑われたかもしれませんが、これは『デザインの原像』という書籍からの引用です（著者の向井周太郎は、私の美大時代の師匠です）。この文を一読しただけでは、デザインに関する本からの引用には感じられないかもしれません。でも、後を読み進めていくと見事にデザインの考察に帰結します。ぜひ、原書で続きを読んでみていただきたいと思います。

このように、蝶やバッタの知覚世界はそれぞれに異なり、私たちが彼／彼女らを追おうとする時、その知覚体験の向き＝はたらく感覚の配分比率の違いに戸惑うでしょう。そして今、私たちはデザインリーダーシップを追っています。デザインリーダーシップは、デザイナーやデザイン活動に従事する人々の態度や行動特性から見出されるものです。

つまり、私たちがデザインリーダーシップを知ろうとすることは、「デザイン活動に従事する人々の知覚世界」を追うことと同義です。だからここで、「デザイン活動に従事する人々」と「日常の仕事に携わる私たち」の知覚体験の向き＝はたらく感覚の配分比率の違い、に戸惑うのだと思います。

さらに、もうひと部分だけ同書から引用させてください。

考えてみれば、樹木あるいは森は今なお動物たちの棲みかであり、人にとっては四肢の二つを解放して大地に立つ以前の太古の棲みかであり、樹木に抱く懐かしさはふるさとを捨てた人間の心情というべきだろう。動物たちは回想を意識することなしに生の持続として森へ還るのであり、人間にとっては、樹木を後にしたその瞬間がおそらく回想の始源であろう[18]。

過ぎ去ったことを振り返り、思いをめぐらすこと。回想のためには、まず私たちは時間的に、空間的に、または心理的に、元いた場所から離れなければなりません。回想には移動が必要です。私たちは離れてはじめて、思いをめぐらすことができます。

そして、回想によってはじめて、つまり、ある地点からある地点への移動によってはじめて、私たちは「比較」という思考のツールを手に入れることができるのです。回想は単に過ぎ去ったことを振り返り、思いをめぐらすことにとどまりません。なぜなら、常にそこには現時点／地点と過去の時点／地点との「比較」があり、比較によって際立った過去と現在の「差異」が、次の私たちの向かうべき方向性、新たな行動の可能性を示すきっかけを与えてくれるからです。

デザイナーまたはデザイン活動に従事する者が内省、つまりひとりで考えることを重視するのは、この回想の効用を信じているからだと思います。ひとつの対象に近づきすぎず、時間的／空間的／心理的に距離を置き、俯瞰的な視点からものごとを捉え、比較し、差異から新たな方向性を得ようとする姿勢です。

しかし、「デザイン思考」に代表される近年のデザイナーの態度や姿勢に関する議論では、このような観点にはあまり言及されていません。むしろ、対象に共感すること、つまり近づき、寄り添うことが重視され、ひとりで考えるよりも多くの人々との対話や議論を交わすことが歓迎されます。

もちろん、どれも・どちらもデザイン行為において必要なことだと思います。ここであえて強調したいのは、社会で展開される議論は、問題や指摘をクリアに焦点化しようとするあまり、どうしても片手落ちになってしまうということです。重要なのは「どれも・どちらも」ということであるはずなのに、あたかもあるひとつの理論や枠組みが全能であるかのように、私たちに語りかけてきます。対象にできるだけ近づき共感することと、対象に近づきすぎず、時間的／空間的／心理的に距離を置き、俯瞰的な視点からものごとを捉えることは、両方ともデザイン行為にとって重要なことです。ひとりで考えることと、多くの人々との対話することも同様にとても重要です。

つまり、デザインには、ひとつのアプローチを盲目に採用するのではなく、複数の異なるアプローチを組み合わせていくことが必要で、それがデザインに特徴的なアプローチなのだと思います。これを、私は「複眼的なアプローチ」と呼んでいます。常に複眼的なアプローチを意識することで、思考のストレッチ（伸び縮み）が可能になります。

私たちは、顔の異なる位置に付いている2つの目で、それぞれ別の角度からものごとを見ることで、対象を立体的に捉えることができます。普段から2つの目は、別々の角度から世界を捉えているのです（その様相をひとつの平面に表現したのが、ピカソに代表されるキュビズムですね）。

さて長いまわり道をしてきましたが、やっとターナー（2013）の *Design Leadership* の中身を見ていきましょう。捕虫網を持って蝶、バッタを捕まえようと息を潜め、次の動きを予測する時のように、じっと「デザイン活動に従事する人々」から導かれるデザインリーダーシップを観察していきましょう。

でも、そもそも私たちはなぜこの本を見ていたんでしたっけ？　それは、この本全体の内容をよく理解するためではなかったはずです。前に取り上げた論文[19]でのデザインリーダーシップの定義が、この本の内容を参照するものであり、それらをよく確認するのが目的でした。目的を常に明確に持つこと。人々が向かうべき方向を定めるのがデザインリーダーシップです。

さて、ターナー（２０１３）の *Design Leadership* に書かれているデザインリーダーシップの役割（Design leadership responsibility）は、次の６点にまとめられています。

1　将来像（ビジョン）を描き出す（Envisioning）
2　戦略的構想を明確にする（Manifesting strategic intent）
3　デザインに対する投資を主導する（Directing design investment）
4　組織の体外的な評価をマネジメントする（Managing corporate reputation）
5　イノベーション環境をつくる（Creating an innovation environment）
6　デザインリーダーシップを育成する（Training for design leadership）

それぞれの詳細の検討に入る前に、著者であるターナーがこれらのデザインリーダーシップの役割６つをどのように導いたのか把握しておきたいと思います。各項目の説明には、それぞれを実際に裏付ける根拠となる事例が挙げられています。逆に言うとこれらの事例から、各項目が導かれているということです。

それらの事例はどれも、ターナーが手がけたデザイン事例です。つまり、ターナーはこの本で、自身がこれまでに手がけてきたデザイン事例から、デザインリーダーシップの役割６つを導いています。

ということは、ターナーがいかなる人物か、経歴をよく見たほうがよいでしょう。本のなかで著者紹介に関わる部分（About the author）を見ていましょう。以下、ざっと訳してみます。

レイモンド・ターナーは、デザインリーダーシップ、デザインマネジメントおよび、ビジネス・政府・社会においてデザインの戦略的価値を示す国際的に著名な人物である。

彼は、デザイン産業界でデザイナー、デザインマネージャー、デザインリーダーシップに関するコンサルタントおよびディレクターを40年間勤めてきた。現在は独立したコンサルタントとして、戦略的なデザインを主導し、デザインの実施・計画を行うことで、クライアントのデザイン投資から最大の価値を導くための支援を行っている。

さらに、これまでに手がけられた主要な仕事として以下のようなものが挙げられています。

・世界最大の民間空港会社ＢＡＡ（British Airports Authority）のグループデザインディレクター
・ヒースロー空港の新第5ターミナル、ヒースロー空港とロンドン中心部を結ぶ高速鉄道「ヒースロー・エクスプレス」のデザインディレクター
・「ユーロトンネル」の統括デザインマネジメントコンサルタント
・国際的なコーポレート・アイデンティティ・コンサルタント会社 Wolff Olins のマネージング・ディレクター
・ロンドン交通局のデザイン・ディレクター

・アイルランド政府の仕事を請け負う総合的なデザイン事務所、Kilkenny Design Workshops のアシスタント・チーフ・エグゼクティブ

・Gillette Industries のシニア・クリエイティブ・デザイナー

このように、特にイギリス・ヨーロッパを中心とした大きなデザイン案件に携わってきた人物のようです。研究者ではなく実務家ですね。もちろん、このような長年の豊富なデザイン・ビジネスに関わる経験から導かれた知見には説得力があります。

とはいえ、研究的な観点で見れば、どんなに経験豊富な人物の実体験に基づいていると言っても、各事例が主観的な見方で記述されていることは避けられず、客観的な根拠に乏しいものと判断せざるをえません。だから、これらは確証が得られたデザインリーダーシップの要件としてではなく、豊富なデザイン・ビジネスに関わる経験から得られた「仮説」として捉えたほうがよさそうです。

よって、前項で取り上げた論文（ムエンジョンとマクマレイ、２０１７）で、このターナーのデザインリーダーシップの要件（役割）を根拠に、対象のデザインリーダーシップを測定しようとしていることは、そもそも測ろうとする「デザインリーダーシップとは何か」という検討が弱いということになります。

しかし、研究者としてはこれを単なる論文批判にとどめることはできません。

このように他研究者の論文を読み込み、関連研究やデータを精査したうえで見つけた不備や不足点は、そのまま当該分野の研究者として自分が引き受けるべき研究課題となるからです。ターナーのデ

ザインリーダーシップ要件がまだ「仮説」であるなら、その仮説を実証するための研究を推進する役割を自分が担うべき、ということです。

論文を精査し批判的検討を行い、その批判を自分が引き受け、さらにまた別の研究者がその研究を批判して…という循環によって研究分野が発展していきます。これが「研究はひとりでするものではない」と言われる真意です（複数人でコラボレーションする研究のほうが効率がよく歓迎される、という意味では決してありません）。

とはいえ、ムエンジョンとマクマレイ（２０１７）が、デザインリーダーシップを測定しようとした時に、ターナーのデザインリーダーシップの要件を参照した理由は理解できます。おそらく彼らも、ターナーの主観による要件定義では客観性に乏しいことには気づいていたでしょう。

でもなぜ、ターナーの要件定義を使わざるをえなかったのでしょうか。それはたぶん、他にデザインリーダーシップの要件について述べられた研究や文献が見つからなかったからだと思います。それくらい、デザインリーダーシップに関わる研究はまだ萌芽的な分野なのです。

ターナーの提示しているものが仮説だとしても、その主張はよく把握しておいたほうがよいでしょう。ただし、単に内容を日本語訳して理解するだけでは物足りません。そこで、次はより「デザイン的な見方」でターナーの主張を検討してみましょう。ここでの「デザイン的な見方」とは、先ほど述べた「複眼的なアプローチ」のことです。

ターナーはデザイン業界で40年以上活躍するオーソリティでした。だから、ここであえて持ち出さずとも、この本のなかですでに「デザイン的な見方」＝「複眼的なアプローチ」が実現されています。

ターナーは先に挙げたデザインリーダーシップの役割6つだけでなく、デザインマネジメントの役割(Design management responsibility)についても同時に検討しています。以下のようなものです。

1 デザインに関わる人々の管理(Design people)
2 デザインに関わる予算の管理(Design budgets)
3 デザイン進行に関わる時間管理(Design timetables)
4 デザインプロセスの進行管理(Design work)
5 デザインプロセスの十全な進行に関わる組織体制やリソースの管理(Design infrastructure)

この本におけるターナーの主張は、これらデザインマネジメントとデザインリーダーシップの双方が十全に機能することで、適切なデザインの価値が組織や社会にもたらされる、ということのようです。これまでのデザインマネジメントに関する議論では、デザインマネジメントとデザインリーダーシップという機能が明確に分けられずにいました。

特に、近年デザインマネジメントの役割が、組織における具体的な製品・サービスのデザインプロセスの管理的側面だけでなく、組織のビジョンや戦略策定、イノベーションを志向する組織体制のような側面に発展してきたことで、デザインマネジメントの包含する内容が肥大化し、あれもこれもデザインマネジメントになり「なんでも屋」の様相を呈してきていたのです。

そこで、デザインリーダーシップという新たな概念を提案し、デザインマネジメントとデザイン

表2　デザインマネジメントとデザインリーダーシップ（Turner（2013）より作成）

デザインマネジメント	デザインリーダーシップ
1. デザインに関わる人々の管理	1. 将来像（ビジョン）を描き出す
2. デザインに関わる予算の管理	2. 戦略的構想を明確にする
3. デザイン進行に関わる時間管理	3. デザインに対する投資を主導する
4. デザインプロセスの進行管理	4. 組織の体外的な評価をマネジメントする
5. デザインプロセスの十全な進行に関わる組織体制やリソースの管理	5. イノベーション環境をつくる
	6. デザインリーダーシップを育成する

リーダーシップという「複眼的なアプローチ」で、組織においてデザインの価値を十全に機能させる活動を整理したのが、この本でのターナーの功績であると、私は思っています。表にまとめてみるとよりその特徴が際立つでしょう（表2）。

さて、ここで単純な疑問が湧き上がります。そもそも「マネジメント」と「リーダーシップ」との違いはこれまでどのように整理されているのでしょうか。それらの差異と、ターナーのデザインマネジメントとデザインリーダーシップとの差異は、どのような関係にあるでしょうか？　次はこの疑問を明らかにしてみましょう。

2-3　デザインリーダーシップとリーダーシップの差異

2-3-1　デザインマネジメントとマネジメント、そしてデザインリーダーシップとリーダーシップ

前節表2におけるデザインマネジメントとデザインリーダーシップとの比較によって、デザインリーダーシップの特性がより鮮明に浮かび上がりました（はず、とまだここではしてきましょうか）。ただし、これがそもそも「マネジメント」と「リーダーシップ」の比較とどう違うのか？　という疑問も同時に浮かび上がります。

この前提が押さえられていなければ、本当にデザインリーダーシップの特性が明らかになっているとは言えないでしょう。だって、単にこのデザインリーダーシップは、一般的なリーダーシップの特徴に部分的に「デザイン」ということばだけを付けて言っているだけかもしれません。

ここで仮説として考えられることのひとつは、このターナー（2013）のデザインリーダーシップの説明のなかに、一般的なリーダーシップの要素が含まれている、ということです。その場合、「デザインリーダーシップ」から「リーダーシップ」を引くことを考えれば、デザインリーダーシップの独自要素がはっきりすることになると考えます。

もうひとつ別の仮説として考えられるのは、ターナー（２０１３）のデザインリーダーシップの説明が、一般的なリーダーシップの説明とは「まったく違う」ということです。この場合はそのままターナー（２０１３）がデザインリーダーシップの独自要素を説明していることになりますが、そもそもそこにリーダーシップということばが使われている意義や、既存のリーダーシップに対する貢献を問わなければならなくなるでしょう。

さて、いろいろ前段を述べましたが、とにかくまずマネジメントとリーダーシップとの違いについての既存研究を見ていきましょう。ただここで、もう一点だけ、前段で触れておきたいことがあります。ことばの使い方（ワーディング）についてです。これまで「（デザイン）マネジメント」と「（デザイン）リーダーシップ」という語を対比させながら使ってきましたが、実はこれらの位相が揃っていないことは気にならなかったでしょうか。比較するためには条件を統一しておくのが原則です。

マネジメント（management）は、manage（うまく対処する、なんとかする）という行為を表す語の名詞形です。一方で、リーダーシップ（leadership）は、リーダー（leader）という人の役割を表す名詞に、ship（地位や状態）がついて、リーダーの状態や資質を表す名詞となっているものです。

２つとも名詞であることでレベルは揃っていますが、一方が行為を表しており、もう一方が地位や状態を表していることにおいてはレベルが合っていません。行為でレベルを合わせるならば、リーダーの行為を表す語を当てなければならないでしょう。しかし、実際にはリーダーが行う行為は広範囲にわたり一語に集約できません。「リーダー（leader）」からその行為は「リード（lead）」という動詞が得られるかもしれませんが、その意味を表す名詞形はありません（lead は名詞も同形ですが、動詞の時ほど意味の多様性はありません）。

一方、地位や状態でレベルを合わせるならば、マネジメントではなく、「マネジメントを行う人（マネージャー）」に「地位や状態（シップ）」を付けた「マネージャーシップ」を当てるべきとなります。マネージャーシップとリーダーシップであればレベルが合います。またはその役割を表す語のみに焦点化して、マネージャーとリーダーでもレベルが合うでしょう。

注意していただきたいのは、これらを無理に安易に合わせよう／合わせたほうがよいという提案ではないということです。強調したいのは、ことばの使い方にこだわり、その文脈に合わせた内容を理解しようとする姿勢です。

「（デザイン）マネジメントと（デザイン）リーダーシップ」という時には、特定の人の役割だけではなく、より広い視野で分野や領域自体の特性、組織における相対的なあり方までをも含めて論じていると考えたほうがよいでしょう。一方で、「（デザイン）マネージャーシップと（デザイン）リーダーシップ」または「（デザイン）マネージャーと（デザイン）リーダー」であれば、特定の人の役割に焦点化して論じている場合が多いものと解釈できます。

（いつものことながら）本題に至る前に、重箱の角をつつきすぎてしまったかもしれません。でも面倒なことをこなしておくと後でじわじわ効いてきて、きっと何かいいことがあるはずです。さあ、今度こそマネジメントとリーダーシップとの違いについての既存研究を見ていきましょう。

マネージャーとリーダーの違いを最初に指摘し、議論したのがザレズニック（１９７７）[20]と言われています。その主要な点を小野[21]が表にまとめていますので、その内容を確認してみましょう

表3　ザレズニック（1977）によるマネージャーとリーダーの対比（小野（2015）より作成、下線は筆者）

マネージャー		リーダー
・目標に対して消極的な態度を取る ・管理上の目標は、仕事の必要性から生じる	目標に対する態度	・目標に対して能動的な態度を取る ・目標達成のためのアイデアを創出し、フォロワーの考え方を変える
・戦略を立て決定を下すため、関係者のアイデアを結び付け、問題解決を進める ・利害調整、損失の算定、コンフリクトの調整、緊張緩和に関するスキルを活用する	仕事に対する考え方	・懸案の課題に新しい方法論を導入して、新しい選択を模索する ・高度のリスクを伴う立場で行動し、特に機会や報酬が高度な場合、危険や冒険に身をさらす
・役割の範囲でフォロワーと関わり、低レベルでの感情移入しかもたない ・ものごとをフォロワーが「どのように」進めるかに関心を示す ・組織の調和と権力のバランスを維持するために、ウィン-ウィンの関係を維持する ・人間関係から生じる不安、懸念、恐怖のたぐいの潜在的な無秩序状態に直面しており、そのために秩序を求める	フォロワーとの関係	・自らのアイデアを実現するために、直観的で感情移入的な方法で人間関係を築く ・ものごとや決定がフォロワーにとって「何を」意味するかに関心を示す ・集団に対する自己の一体感と孤独感、あるいは感情と憎悪というような強烈な感情にひかれる
・自分を取り巻く環境に従属している ・現体制を維持させて、強化させることで自己価値の評価を高めると考える	自己の持つ意味	・自分を取り巻く環境から分離独立していると考える ・組織との関わり合いの中で自己を決めることはしない

（表3）。さっそく注意すべきは、ここでのワーディングは「マネージャーとリーダー」の違い、ということです。

ザレズニックはここで、「目標に対する態度」「仕事に対する考え方」「フォロワーとの関係」「自己の持つ意味」という4つの観点から、マネージャーとリーダーの特性を比較しています。ここでのリーダーに関する記述で用いられている「能動的」「創出」「新しい」「直感的」「感情移入的」「独立」という語彙が、その性格を表す特徴的なものであると考えられます。一方で、マネージャーを見ると「消極的」「低レベルでの感情移入」「組織の調和と権力のバランスを維持」「環境に従属」「現体制を維持させて、強化させる」という語彙が特徴的に見られます。

率直な感想を述べると、この比較は暗にリーダーに花を持たせすぎのように思えてなりません。リーダーをよく描くために、マネージャーを暗黒面に落としすぎてはいないでしょうか。マネージャーにだってもっと積極的で、感情的な行動によってその特性を発揮する場面がたぶんあるでしょう。この比較を見ると何だかむしろ、マネージャーを擁護する側にまわり、マネージャーの特性をもっと突き詰めて分析してみたくなってきませんか。

この感想は正直、ターナーのデザインマネジメントとデザインリーダーシップを比較した時にはあまり気づきませんでした（みなさんは気づいていたのかもしれませんが）。このザレズニックの比較を見て、ターナーにおいても新進の概念であるデザインリーダーシップを際立たせるために、デザインマネジメントの管理的側面を強調しすぎ、日々の味気ないルーティンや、縁の下の力持ち的なあまり華のない特性にあえてデザインマネジメントを押しやってしまっていないだろうか、と思うようになりました。これが二極分化で捉えようとする分析方法の陥穽かもしれません。

この表を見て、加えてもうひとつ直感的に気づいたのは、本書でこれまで述べてきた「デザイン（の考え方）」や「デザイン態度」との関係です。ザレズニックは表3で、マネージャーが「関係者のアイデアを結び付け、問題解決を進める」のに対し、リーダーが「新しい方法論を導入して、新しい選択を模索する」としています。これは、マネジメント態度（既存の選択肢のなかから合理的な選択を行う）とデザイン態度（過去や前例にとらわれず、新たな選択肢を「つくる」）という関係にそのまま当てはまっていると考えられないでしょうか？

マネジメント態度とデザイン態度との関係は、これまでの私たちの研究および関連する先行研究から導かれたものです。でも、これまでにザレズニックは参照していません。だから、これらの類似・関連性は新たな発見で、この検討作業のひとつの収穫と言えます。

また、ザレズニックの表3では、マネージャーは「ものごとをフォロワーが『どのように』進めるかに関心を示す」のに対し、リーダーは「ものごとや決定がフォロワーにとって『何を』意味するかに関心を示す」とされています。これは、本書で述べてきた以下のことに通じないでしょうか。

デザイン・ドリブン・イノベーションでは、製品開発においてこれまで着目されてきた「機能（いわゆるスペック）」ではなく、「意味」に着目しています。どんなにその製品が他社のものより機能的に優れていたとしても、あなたにとってそこに何の意味も見出せなければ、あなたは何の興味も示さないでしょう。（本書18ページ）

もちろん、ここでリーダーが扱うのは「製品」ではありません。「組織におけるモノゴトの（意思）決定のしかた」です。フォロワーや関係者においてその「意味」に着目するということはつまり、リーダーは「フォロワーや関係者の、組織のモノゴトの意思決定のしかたに対する、感情的な理由」に着目しているということです。

フォロワーや関係者が組織の意思決定に同意するのは、単にその内容や機能をよく理解したからではありません。そこに自分にとっての意味を見出せるか、ということが重要になります。この「意味」に対してアプローチする姿勢は、これまで本書で再三触れてきたデザインのアプローチと通ずるものでしょう。これらの類似・関連性も今回の新たな発見です。

とはいえ、リーダーの資質とデザイン／デザイン態度の共通性が見出されるのは好ましいのですが、デザインリーダーシップという考え方のオリジナリティを追求しようとしている私たちにとって、共通性の発見だけでは満足できません。既存のリーダー／リーダーシップに関する記述では明らかにされていない点において、デザイン／デザイン態度に当てはまる要素を見つけられれば、デザインリーダーシップのオリジナリティとして主張できることになるでしょう。

そして、もちろん忘れてはいません。肝心の今回の目的であるターナー（２０１３）との関連性はどうでしょうか？　ザレズニックとターナーとの間に何か見つけられるでしょうか？

一見したところでは、記述の関連性・共通性は見つけられません。特に、ターナーのデザインリーダーシップにおける主要素である「将来像（ビジョン）を描き出す」ということが、ザレズニックのなかには見つけられません。だからと言って、ここでデザインリーダーシップと既存のリーダーの特性に関連性はない、デザインリーダーシップはまったく新しいリーダー像を提示している、と判断するのは早計でしょう。

そこで、ザレズニックとは別のマネジメントとリーダーシップとの違いについて述べた文献を見てみましょう。コッター（１９９０：新訳 ２０１５）は、マネジメントとリーダーシップの役割（前回述べたように、「マネジメントとリーダーシップ」というワーディングに注意のこと）を、以下のように述べています。

> 複雑な状況にうまく対処するのが、マネジメントの役割である。これに対してリーダーシップの役割は、変化に対処することである[22]。

一方で、ターナー（２０１３）はデザインマネジメントとデザインリーダーシップを以下のように定義しています。

> デザインリーダーシップは、人々が向かうべき方向を定めることに貢献する、人の資質である。そしてデザインマネジメントが、人々が向かうべき方向を定めるプロセスを実行する際の手段となる[23]。

一見すると、コッターは、マネジメントとリーダーシップに別の役割を与えているのに対し、ターナーは、デザインマネジメントとデザインリーダーシップを関連付けて定義していることが窺えます。ですが、コッターは「リーダーシップとマネジメントは、相異なるも補間し合う行動体系である」とも述べているので、それぞれが補間し合うという解釈は同一であるものと考えられます。

そこで、私たちは「コッターのマネジメント」と「ターナーのデザインマネジメント」、および、「コッターのリーダーシップ」と「ターナーのデザインリーダーシップ」を詳細に比較し、以下の2点を明らかにしました[24]。

ターナーの指摘は、デザイン組織や業務に関わる単なるマネジメントについて述べられているものであり（「デザインマネジメント」という用語においての「マネジメント」が示す内容については、一般の定義の枠を出ない）、「デザインマネジメント」において特別に与えられた役割や新たな意味は見出せない。

ターナーのデザインリーダーシップにおいても、デザインマネジメントと同様に、デザイン組織や業務に関わる（一般的な）リーダーシップについて述べられているだけで、そこに特別に与えられた役割や新たな意味は見出せなかった。

つまり、「「デザインリーダーシップって何だか新しそうなことを言ったたって、デザイン業務領域のなかで既存のリーダーシップが発揮されたことを言っているだけじゃん・・・」という何ともしょぼんとした結果となってしまいました。ただし、今回扱ったのは、ターナーが指摘する「デザインリーダーシップ」です。

私たちは、既存のリーダーシップを補完・発展させる要素が「デザイン」にあり、それを「デザインリーダーシップ」として構築できるものと信じています。ここまでデザインリーダーシップの既存研究を見てきましたが、どうやら（いや、やっぱり）それは自分で見つけ、その有効性・有用性の確証を得ていくしかないようですね。では次にどう動いていくべきか、考えていきましょう。

2-3-2 既存の概念定義自体を発展させようとする意欲的な態度

ここまで、既存研究や文献からデザインリーダーシップとはどのようなものかを把握しようと試みてきました。その試みは、すでに定義されたデザインリーダーシップを理解し、忠実に従い運用しようとする意図から行ったものではありません。

私たちの目的は、既存のデザインリーダーシップ概念の不備や不足を明らかにし、私たち独自のデザインリーダーシップ概念を確立することにあります。

そして実際に、デザインリーダーシップに関する既存研究や文献からは、既存のリーダーシップ論で述べられているリーダーシップの特性がデザイン業務領域のなかで検討されているにとどまり、私たちが欲しているデザインリーダーシップとしての特徴は見出せませんでした。

つまり、リーダーシップ論からデザイン業務領域への貢献（「リーダーシップ」→「デザインリーダーシップ」）は認められても、デザイン業務領域で発揮されるリーダーシップから既存のリーダーシップ論に貢献する要素（「デザインリーダーシップ」→「リーダーシップ」）は認められなかった（私たちには読み取れなかった）、ということになります。言い換えれば、既存のデザインリーダーシップは、「デザイン業務領域で完結している」ということです。

確かにここから、企業のイノベーションにデザインリーダーシップがどのように活かせるかを検証しようとする意欲的な研究をいくつか見つけることはできます。しかし、その前提となっているデザインリーダーシップの定義や解釈は、デザイン業務領域で完結している概念範囲を出ないものなので、自ずと結果の応用可能性は低いでしょう。

もちろん当然ながら、既存のデザインリーダーシップは、デザイン業務領域にも有用です。それだけで十分に意義があることは認めます。しかも、まだ十分にリーダーシップ論の成果がデザイン業務領域に取り入られているわけではないことから、まだまだ発展可能性があることも確かでしょう。デザインに関わる者で、デザイン業務領域におけるリーダーシップを研究・発展させていこうと考えていれば、やることは明確ですぐに携わるべき仕事が見つけられるでしょう。

でも、私たちが考えているのはその逆なのです。既存のリーダーシップ（論）を発展させる要素が「デザイン」にあり、それを「デザインリーダーシップ（論）」として構築できる、という考えです。デザインの考え方に潜む特性や行為の特徴が、われわれのビジネスにおけるリーダーシップ概念を発展させる可能性がある、ということです。それはまだ明らかにされていない、ということがこれまでの検討でわかりました。

だから、自分で見つけ、その有効性・有用性の確証を自分で得て示していくしかない、と思います。

さて、何から手をつけていきましょうか？

と言いながら、悩むヒマもなくさっそくここで気づきました。「自分で見つけ、その有効性・有用性の確証を自分で得て示していくしかない」ということ自体が、すでに「デザイン的な考え方」なのではないでしょうか？　自分で、前向きに、まだ存在しないものをつくっていこうとする態度は、まさにデザインだと思います。迷った時のヒントは常に自分の内にあるのです。

そして、既存のリーダーシップ論を発展させようとする意欲的な態度もまたデザイン的なのだと思います。既存のリーダーシップ論に大きな問題が見つけられるわけではありません。それらをうまく使いこなせば、ビジネスシーンをより円滑により活力あるものにしていくことは可能でしょう。

でも、私たちはどうしてもそれでは何か足りないと思ってしまうのです。そこでは「リーダーシップとはこういうもの」という定義や捉え方が確立しており（それらの定義や捉え方は、これまでに見てきたとおりです）、リーダーシップを実践しようする人たちは、その定義や捉え方を盲目に受け入れてしまっていないでしょうか？

そう、何か足りないのは、「自分で／自分のやり方で」その定義自体を超えていこうとする積極的な態度ではないでしょうか。この積極的な態度がないと、既存の理論に問題を見つけること自体がそもそもできないのだと思います。

過去に確立し、現在に定着したモノゴトのあり方、いわば「慣習」は、誰もが疑問を呈することなく当たり前のものとして受け入れてしまいます。でもその慣習は、本当に今そしてこれからに生きる私たちに適しているものでしょうか？　その意味は惰性化してしまっていないでしょうか？　つまり誰も本来の意味を問わず、今使い勝手があまりよくないにもかかわらず、誰もがそうしているからという理由で思考停止していないでしょうか？

このように意味が惰性化し慣習となったモノゴトのあり方に対して、疑問を呈し、批判的に検討し、新たな意味を付与していくのがそう、デザインです。もちろん、私たちが付与した新しい意味も時が経つと、新進気鋭の誰かによって乗り越えるべき慣習として捉えられ、批判され、また新たな意味が付与されるでしょう。

そしてその新たな意味は、さらなる新進気鋭の誰かによって乗り越えられていきます。このデザイン行為による建設的・生産的・積極的な循環（ポジティブ・ループ）によって、デザイン文化がつくられていくのだと思います。

このデザインという行為にエンジンをかけ駆動する（ドライブする）のが、「デザイン態度」だと私たちは考えています。私たちの研究で明らかにしてきたデザイン態度の5つの要素（以下）の詳細は、本書1–3で述べたとおりです。

①不確実性・曖昧性を受け入れる
②深い共感に従事することで、人々の理解のしかたを理解する
③五感をフル活用する
④遊び心を持ってものごとに息を吹き込む

⑤ 複雑なことから新たな意味を創造する

私たちはこれらを、誰もが潜在的に持っている、いわば人間の基本的な力だと思っています。でも「潜在的」なので、当然ながら何の訓練や努力もなしに、誰もがうまく使いこなせるわけではありません。

このデザイン態度は誰もが持っているにもかかわらず、これまで特に一般的なビジネスシーンでは注目されてきませんでした。言い換えれば、「限られた人」にしか発揮の場がなかったのです。前項で検討したように、デザイン態度とザレズニックが指摘する「リーダー」の特性に合致する部分が見出せたのは、この「限られた人」が「リーダー」であることを根拠付けています。

つまり、リーダーとは限られた特別な人の上に立つ立場であって、誰もが就く役割ではない、という考えが背景にあります。そして、リーダーとは育成されるものではなく、その人が持っている才覚や才能として考えられていました（この考え方は2-1-2で「資質論」として触れています）。それが、マネージャーとリーダーとの大きな違いだと思います。

だから、（リーダーが身につけている態度としての）デザイン態度が育成される機会も一般的にならなかった（少なかった）のだと考えます。リーダーとは育成されるものではなく、どこからかやってくる、あらかじめ才能を持ったスタープレーヤーだと考えられていたからです。

でも、これは過ぎ去った時代の話です。リーダーが特別な役割や立場を示す名称であることは変わらないにしても、リーダーが持つ態度・発揮される能力、つまりリーダーシップは、誰もが自分の仕事や生活の場面で発揮すべき能力に変わりました。自分の人生や仕事のあり方は誰かによって与えられるものではなく、誰もが主体的に自分でデザインしていく時代になったのです。

ここに私たちが新たにデザインリーダーシップ論を確立したい根拠があります。誰もが主体的に自分でデザインしていく時代の、誰もが身につけるべき（仕事や生活の場面で発揮されるべき）リーダーシップとはどのようなものか？　そう、それが「デザイン態度」にあるものと私たちは思っています。

ここで少し話を戻しましょう。先ほど、私はデザイン態度を「誰もが潜在的に持っている、いわば人間の基本的な力だと思っています」と言いました。でもそこに根拠は示されていません。きっと疑問に思われるでしょう。

だからまず、デザイン態度を一般のビジネスパーソンがどれくらい有しているのかを問う研究プロジェクトを開始しました。次はその研究についてご紹介したいと思います。

第3章

デザインリーダーシップのビジョン

3―1　非デザイン職へのまなざし

3―1―1　一般のビジネスパーソンはデザイン態度をどれくらい有しているのか？

さて、ここからは私たちが始めた「デザイン態度を一般のビジネスパーソンがどれくらい有しているのか」を問う研究プロジェクトについて話していきたいと思います。まずこの研究プロジェクトに至る経緯から共有していきましょう。

最初にこの研究プロジェクトの必要性、つまりなぜこの研究が行われなければならないか、その意義について昨今の社会背景から問うてみましょう。２０１８年に経産省・特許庁によって「デザイン経営宣言」が提起されたことに顕著なように、デザインの知を用いて組織の新たな方向性を創り出す、いわゆる「デザイン志向型組織」への転換推進策が最近さかんに議論され始めています。
もちろんコロナ禍以前にも、先行きの読めない時代における企業の将来予測の困難性は多く指摘されてきたのですが、このコロナ禍においてことさら「時代の不確実性」が強く意識されるようになりました。これまでの常識が通用しない不確実な時代において、企業はどのように戦略を立て動いていけばよいでしょうか。そこで、デザインの知に白羽の矢が立てられた、というのが大局的な視点から捉えた社会背景です。

でも、実際に企業が「デザイン志向型組織」を実現しようとした時、何から手をつけていけばよいのでしょうか？　あなたならどうするでしょう？　デザインをよく知るのはやはり「デザイナー」だということで、彼／彼女らを経営の軸に参画させるように考えるでしょうか？

あらかじめ自社組織内にデザイン部署があり、デザイナーとして働く人がいればそれも可能かもしれません。しかし、自社組織内にデザイン部署がなく、デザイナーもいない場合はどうしたらよいのでしょう？　経営手腕もありデザインのこともよく知る誰かを、経営幹部に迎え入れるために外部からヘッドハントしてくるように仕掛けるでしょうか？　でもそんなスーパーパーソンはそう見つからないと思います。

だから、私たちはここで、組織内であれ組織外部であれ、すでにデザイン能力を身につけた者を有効活用しようとすることが「デザイン志向型組織」を実現する唯一の方法ではない、との結論に至りました。デザイナーやデザインをすでによく知る者に会社を任せれば「デザイン志向型組織」がポンとできあがるわけではない、ということです。

では、どうするべきなのでしょうか？　私たちもいろいろ考えていくうちに実はそもそも、目指している「デザイン志向型組織」の完成形とはどのようなものか、どうなれば「デザイン志向型組織」が実現されたことになるのか、その姿が明確でないことに気づいてきました。ゴールがはっきりしていないのです。単純でしかも重要なことには、なぜかいつも後で気づきます。

そこでさらに私たちは考えました。「デザイン志向型組織」の完成形はよくわからないけれど、まずは組織自体のデザイン力を高めていけば、そこに向かっていけるんじゃないか、と。「まずやってみる・手を動かしてみる」というのはデザインの考え方そのものでもあります。

でも、やっぱり「組織自体のデザイン力を高めよう」とした場合に、何をどこから手をつけていけばよいか、いきなりつまってしまいます。ここでも問いのかたちは同じです。そもそも「組織自体のデザイン力を高める」とはいったいどういうことなのでしょうか？

そうだ、たぶん組織のデザイン力を測る指標があるはずだ！とみなさんも思いつくかもしれません。そういう類の指標として、企業でデザインされた商品の売上げや話題性、賞・特許獲得数、所属デザイナーの数などは見つかるのですが、何だかしっくりきません。組織のデザイン力とは、もっと企業全体に関わる人たちの持つデザインに対する認識や態度によって示されるものではないのでしょうか？

ここで私たちははっと気づきました。大きな穴がここにある、ということに。そして、その穴を埋めようとするところに、研究の意義と可能性も大きくあるということにも。

つまり現時点では、「企業全体に関わる人たちの持つデザインに対する認識や態度」が測られていないのです。それを測る指標もありません。特にこれまで、専門的にデザインに関わる人々（デザイン専門職と呼びましょう）以外の企業構成員（非デザイン職と呼びましょう）のデザインに対する認識や態度は測られてこなかった、ということです。

それなら自分たちがやってやろう、ないものはつくればいい。こうして私たちは、非デザイン職を含む企業構成員全体のデザイン力を測定しようとする研究を開始しました。

3-1-2 みんな持っていたデザイン態度

ここで私たちは、企業構成員全体（要するに、企業で働くみんな）のデザイン力を測定するための尺度（ものさし）として、私たちがこれまでに研究してきた「デザイン態度」を使ってみることにしました。デザイン態度とは、すでに本書でおなじみの以下の5点です。

①不確実性・曖昧性を受け入れる
②深い共感に従事することで、人々の理解のしかたを理解する
③五感をフル活用する
④遊び心を持ってものごとに息を吹き込む
⑤複雑なことから新たな意味を創造する

これをそのまま測定尺度＝ものさしにできればよいのですが、そう簡単にはいかないのが厄介なところです。「あなたは不確実性・曖昧性を受け入れていますか？」「人々の理解のしかたを理解していますか？」という質問をされたとして、あなたならすんなり答えられるでしょうか？　おそらく答えに窮してしまうでしょう。

インタビュー形式であれば、逆に回答者から質問者に対して、質問の意図や意味をいろいろ聞き返せるかもしれません。でも今回は、企業構成員全体をターゲットにした大規模（大人数対象）な調査を考えているので、質問紙調査（いわゆるアンケート調査）で多くの人が簡単に答えられる（質問に対して「よくあてはまる」～「まったくあてはまらない」を選んで回答できる）ように実施するために、はっきりとわかりやすい質問を用意する必要があります。

だから、これらのデザイン態度を問う具体的な質問をつくっていかなければなりません。回答者が「不確実性・曖昧性を受け入れているかどうか」「深い共感に従事することで、人々の理解のしかたを理解しているかどうか」「五感をフル活用しているかどうか」「遊び心を持ってものごとに息を吹き込んでいるかどうか」「複雑なことから新たな意味を創造しているかどうか」を明らかにするために、どんな具体的な問いかけを用意すればよいのでしょう？

しかも、その質問が本当にその内容を問うために妥当かどうかをよく検討する必要もあります。つまり、ある質問をした時に、その解釈が回答者によってまちまちなものになり、回答が多様な意味を含むものになってしまわないようにしなければなりません。例えば、同じ「わからない」でも、答えがわからないのか、答え方がわからないのか、混乱が起こらないようにしなければならない、というわけです。

先行研究での調査手順や質問項目も参考にして、私たちはいろいろ悩みながらも質問群を完成させ、調査を開始しました。職種を問わない約2000人からの回答を集め分析を行った結果、いろいろなことがわかってきました。

まず、回答者の属性を「ホワイトカラー職（専門的・技術的職業：研究者・技術者・医師・看護師・法務・経営・教育・事務専従など）」「ブルーカラー職（生産・保安・農林・輸送・建設・清掃・包装など）」「デザイン専門職」と3つに分け、それらの回答を比べてみると、「ホワイトカラー職」と「デザイン専門職」は、どのデザイン態度要素においても高い値（質問に対する回答が能動的であった）を示していました（ただし、実際に「ブルーカラー職」の回答も全体的に値が低いわけではありませんでした）。整理すると以下のような関係となります。

ホワイトカラー職 ≒ デザイン専門職 ＞ ブルーカラー職

さらにそこで、「ホワイトカラー職」と「デザイン専門職」を比べてみた場合、その間に有意な差があったのは、「視覚化」に関する要素でした（「デザイン専門職」が「ホワイトカラー職」よりも、「視覚化」について高い値が示されました）。

ここでいきなり「視覚化」という語が出てきて「?」となったかもしれませんが、これは先のデザイン態度を具体的な質問として問う際に検討され、設定された因子です。他の因子として「実験主義」「楽観主義」「コラボレーション」「共感」があります。つまり、この4つの因子に関しては、「デザイン専門職」と「ホワイトカラー職」の間に意味のある差は認められなかった、ということです。

まずこの分析結果から、「ホワイトカラー職に分類される職種に就いている人は、日常の仕事の場面でデザイン態度がすでに発揮されている（可能性が高い）」ことが解釈できます。もっと単純に言うと「デザイン態度要素をホワイトカラー職はすでに有している」ということです。

さらに、実際にブルーカラー職に分類される職種に就いている人の回答も決して値が低いわけではなかったことから、デザイン専門職以外の企業構成員もデザイン態度をそれなりに有していた、ということになります。

そして、デザイン専門職との差は「視覚化」にありました。先ほど、デザイン態度を「それなりに有していた」と書いたのはこのためです。ここから、すでにそれなりにデザイン態度を持つデザイン専門職以外の企業構成員が「視覚化」を身につければ、デザイン専門職の持つデザイン態度と同等の要素が得られることと解釈できます。

確かにこのように解釈できるのですが、何か腑に落ちないと思いませんか？

3-1-3　デザインに対して新しい態度や知見をもたらすことができるのは誰か？

この解釈に対して、喉の奥に小骨が刺さっているように、私たちはずっと引っかかっていました。だから、改めてじっくり考えてみたのです。

この「非デザイン職のデザイン態度」を検討する際に、暗黙に前提としてしまっていたのは、デザイン専門職がデザイン態度を有しており、そのデザイン態度の内容を検討すればそのなかから、非デザイン職が持つべきデザイン態度が見つかるだろう、という見方だったのではないでしょうか。

例えば、IDEO・スタンフォード大学 d.school が提起した「デザイン思考」は、非デザイン職がビジネスのさまざまな場面で、デザイナーのごとく考えることをベースにできるよう考え出された方法論です。また、私たちがこれまでに最注力してきた、マネジメントとは異なるデザインの志向や態度を明らかにしようとする「デザイン態度」に関する研究も、デザイン専門職に向けたインタビューを基に検討されたものでした[1]。

でも、改めてよく考えてみると、これらの見方（つまり、デザイン専門職→非デザイン職というベクトル）は、デザイン態度を捉えるひとつの側面に過ぎなかったのではないか、と思います。

デザインを科学的に検討した第一人者であるハーバート・サイモン（アメリカの政治学者・経営学者・情報科学者、1978年にノーベル経済学賞を受賞している）は、以下のように言っています。

現在の状態をより好ましいものに変えるべく行為の道筋を考案するものは、だれでもデザイン活動をしている[2]。

この「だれでも」というところが、大きなポイントだと思います。つまり、デザイン専門職が持っているデザイン態度が、話の前提としてまず先にあるのではなく、そもそも非デザイン職を含む「だれも」が「ふつうに」持っている態度として捉える、というような思考の転回が私たちには必要だったのではないでしょうか。

ああなんで、いつも当たり前のことを見落としてしまうのでしょう。そうすると、私たちの調査結果である「デザイン専門職以外の企業構成員もデザイン態度をそれなりに有していた」という意味がだいぶ変わってきます。

また、こう考えると、まずだれもがデザイン態度を持っていて、それを専門的な仕事によく活かしている者がデザイン専門職である、という方向性を持った捉え方ができるようになります。つまり、「非デザイン職→デザイン専門職」というベクトルです。

イタリアのデザイン学者であるエツィオ・マンズィーニは、このベクトルと同じく、「デザインケイパビリティ（Capability：潜在能力）」を誰もが有しているという観点から捉え、ソーシャルイノベーションの文脈で非デザイン職が関わるデザイン活動について論じています[3]。例えば、マンズィーニは以下のように述べています。

> だれもが走ることができる。しかし、みながマラソン競技に参加するわけではないし、ほとんどはプロのアスリートにならない。また、だれもがタンバリンを打ってリズムを刻むことができる。でも、みながバンドで演奏するわけではない。プロの演奏家として生計を立てられるのはほんの少しだ。
>
> 同様に、だれもにデザインする能力が授けられているが、みなが有能なデザイナーというわけではない。プロのデザイナーになるのはそのうちわずかだ[4]。

マンズィーニのこの考え方は、厚生経済学でアマルティア・センの（彼も１９９８年にノーベル経済学賞を受賞しています）が唱えた「ケイパビリティ・アプローチ」から大きなヒントを得ています。センは、「人間が幸福で豊かであること（Well-being）とはどういうことか」を追究し、以下のように述べています。

個人の福祉は、その人の置かれている常態の性質すなわち『達成された機能』に完全に依存されていると考えがちである。『十分に栄養が得られているか』『健康状態にあるか』などといった点は、個人の生活の良さによっては本質的に重要なものである。しかし、『達成された機能』ではなく、潜在能力がどのように福祉に結びついているかという点は、本当はよく考えてみなければならない[5]。

センは、この潜在能力（ケイパビリティ）を、「人が行うことのできる様々な機能の組み合わせ」と説明しています。そこで「機能」とは、「ある状態になったり、何かをすること」で、例えば、幸福で豊かであるために重要な機能は、以下のようなものだと説明しています。

「適切な栄養を得ているか」「健康状態にあるか」「避けられる病気にかかっていないか」「早死にしていないか」などといった基本的なものから、「幸福であるか」「自尊心をもっているか」「社会生活に参加しているか」などといった複雑なものまで多岐にわたる[6]。

センがここで主張しているのは、すなわち「人間が幸福で豊かである」とは、個人がどれくらいの所得や財産を得ているかという「達成された結果」ではなく、個人が何かを成し遂げることができる可能性、つまり選択肢の多さと、それらを選択する自由がいかに個人に保障されているか、であるということです。

例えば、断食とは単に飢えることではなく、「他に選択肢がある時に飢えることを選択すること」であり、「その人が断食をしているのか、あるいは十分な食糧を得る手段がないだけなのか」が重要である、とセンは指摘しています。

このように、マンズィーニがセンからヒントを得て考え出された「デザインケイパビリティ」の捉え方を、私たちに当てはめて考えてみたらどうなるでしょうか?

それは、「デザイン態度」を、達成された結果（つまり、従来の専門的デザイナーが持つ志向や態度と捉えること）ではなく、デザインが行われるこれからの可能性とその選択肢の多さ、そしてそれらを選択できる自由という側面から捉えるということです。

つまり、非デザイン職とは、デザイン専門職に態度・知識・経験などが劣った者ではなく、従来のデザインに紐付けられていなかった態度・知識・経験などを、デザインに接続できる新たな可能性を拓く者と捉え直すことができるでしょう。

このように捉え直すと、私たちの視点は、非デザイン職がデザインに対してどのような新しい態度や知見をもたらすことができるのか、ということに移っていきます。これこそ、デザインリーダーシップの視野ではないでしょうか。

私は、第2章の最後で以下のように言いました。

デザイン態度を『誰もが潜在的に持っている、いわば人間の基本的な力だと思っています』と言いました。でもそこに根拠は示されていません。きっと疑問に思われるでしょう。（本書100ページ）

なんとかここで、この根拠にたどり着くことができたように思います。

3-2 「感性」と「美意識」ということばの響きを日常に取り戻す

3-2-1 デザインから排除された「感性」と「美意識」

デザイン態度を「誰もが潜在的に持っている、いわば人間の基本的な力」と確信できたとしても、その力は本当に誰もが発揮できるものかどうか、おそらく疑問に思われるかと思います。私たちがセミナーなどでこの話をすると、実際にこの質問をいつも受けます。

みなさんからのこの質問の背景には、ある疑念がつきまとっていることがわかりました。その疑念とは以下のようなものです。

デザイン力の発揮には「感性」と「美意識」が欠かせないのではないか？

どうやら、みなさんはこの「感性」と「美意識」というキーワードにいささか過敏に反応されるようです。だから、ここをクリアにしておかないと、デザイン力の発揮を「誰もができる」と言っても信じてはもらえないみたいなのです。これは困りました。

なぜ「感性」と「美意識」には、何か特別で高尚なイメージがつきまとってしまうのでしょうか？それは私たちの日常に普通にある感覚だと思うのですが・・・。

実際に2000年代以降、「デザイン思考」という方法論がビジネスにデザインの考え方を適用するために急速に普及しましたが、その普及要因は、デザイン能力から「感性」と「美意識」が排除されたことにある、とまで言われています。

この点について、ベルガンティは次のように述べています[7]。少し長くなりますが、重要な点を要約してまとめます（以下の（　）内は筆者の訳注・補足です）。

デザイナーの特性は、（1）自分の直感を恐れずに探求すること、（2）自分や他人の直感をかたちにする技術を持っていること、の2点である。

マネージャーはこれらのスキルを持っていない。ビジネススクールでは、分析的思考やシステム思考が基本であり、マネージャーになる人は自分の直感を信じてはいけない、と繰り返し言われる。

ここに、マネジメントにおけるデザインの考え方の重要性があるはずである。マネジメントにおけるデザインの役割は、マネージャーに足りない思考方法を開発し、マネジメントスキルを補うことである。

しかし、デザインの考え方をマネジメントで通用するものにするために、「デザイン思考」と呼ばれるものの提唱者の多くは、デザインを明確なプロセスや手法の集合体として表現してしまった。5ステッププロセス、ダブルダイヤモンド、ブレインストーミング、クイック（ラピッド）エスノグラフィー、共感マップ、カスタマージャーニー、ブループリントなどである。

これらに共通するのは「デザインから直感的な感性を取り除こう」というものだ。この結果、マネジメントに紹介されるデザイン思考自体が手続き的になってしまった。

さらに、デザイン思考を推進する多くの人たちは「イノベーションに関連するプロセスやツールにおいて美的感覚を排除しよう」とも動いた。デザインプロセスにおいて、プロトタイプは重要な役割を担うはずだが、デザイン思考では（そこに速さや簡易さだけを残して）美的・象徴的な意味を持たせなかった。

これらの動きによって、（マネジメントに紹介された）デザイン思考自体が、美的な表現や考察への理解と深いスキルを失ってしまったのである。

そして皮肉なことに今、マネージャー自身が自分の限界を超えようと、自ら分析的思考から脱却しようとしている。マネジメントは、身体的・感情的な認知能力にどんどん近づいている。ビジネススクールでは、行動経済学が注目され、リーダーシップのコースでは感情的な知性が大きな割合を占めており、認知科学の進歩によって直感の力に敏感になっている。

つまり、デザイン思考から「感性」と「美意識」を取り除いたことでできあがったのは、本来のデザイン思考を身につけたマネジメントではなく、単なる過去のマネージャーに過ぎないのだ。

このようにデザイン能力から「感性」と「美意識」が排除された「デザイン思考」が広く流通してからすでに約20年が経ちます。だから、この「デザイン思考」の流通以降に、ビジネスの場でデザインのあり方について何かを感じた世代は、デザインにはそもそも「感性」と「美意識」がない／必要ないものと理解してしまっていても不思議はありません。

さらに、ベルガンティが指摘しているように、デザイン思考には「感性」と「美意識」が含まれていないことが前提になってしまうと、マネージャーが自ら「感性」と「美意識」を得ようと（分析的思考から脱却しようと）する際に、デザイン自体に目を向けることがなくなってしまうのではないでしょうか。

昨今の「アート思考」の隆盛は、この流れによるものであると思われます。「アート思考」の隆盛や重要性に異論を挟む気はありませんが、ここにそもそものデザインの考え方に対する根本的な誤解があることは、大きな問題です。

このデザインに対する理解や認識の問題は、「デザイン態度を、誰もが潜在的に持っている、いわば人間の基本的な力と確信し、その力を誰もが発揮できる」という私たちの仮説にも大きな影響を与えます。「誰もが発揮できる」という状況を実現するために、デザインから「感性」と「美意識」を排除してしまってよいのでしょうか？　この大きな問いが今、私たちの前に横たわっています。

私たちはもちろん、排除すべきではない、と考えています。なぜなら「感性」と「美意識」は特別なものではないからです。それは、先ほども述べたように、そもそも日常の営為のなかで「誰でも」発揮しているものと考えます。

だから、この問題の本質は、「感性」と「美意識」ということばの響きを、どのように私たちの日常に取り戻すか、ということになるでしょう。デザインリーダーシップを「誰も」に根付かせていくために、この問いは避けられません。

3-2-2 「美」が創造性の媒介となる

この問いについて、どのように考えていけばよいでしょうか。まずは原点に戻ってみる必要があるでしょう。そう、そもそも私たちが捉えようとしている「感性」と「美意識」とはいったい何か？ということです。

ここでは「美意識」、とりわけ「美」というものから取り掛かっていきたいと思います。「美」を中心的に扱う学問は「美学」です。美学は哲学のなかに位置づけられています。よってこれから、美学のなかで「美」がどのように扱われているのか、ということを補助線にして、私たちが捉える「美」というものを考えていきたいと思います。

美学を参照するにあたり、佐々木『美学辞典』[8]から見ていくことにします。さて、まず美学のなかで「美」はどのように捉えられているのでしょうか？

美は、われわれがそれを言葉によって捉えようと試みたくなるような魅力であり、かつ、どのような言葉もそれを捉えることができないがゆえに美なのである[9]。

この辞典では、カントなどの考察から哲学的な定義がさまざまに検討されていますが、私たちが最も注目すべき「美」の定義に関わる記述は上の引用にあるものと思われます。特に「どのような言葉もそれを捉えることができない」というのが、私たち誰もが「美」を身近に感じながらも、共通概念としてうまく位置づけられないことの大きな理由ではないでしょうか?

さらに、この辞典では、「言葉にならないということは、ライプニッツを初めとして近世の哲学者たちが美に与えた代表的な規定」であると述べられています。この言葉にならないという規定を与えた項目である「美」が、概念を言葉にすることをその主要な任務としている「哲学」の一分野として扱われていることは、何ともおもしろく興味深いことだと思いませんか?

考えてみれば、当然のことでしょうか? 素直に言葉になる概念だけを扱っていても、概念を言葉にすることの発展は望めないでしょう。言葉にならないものをどのように言葉にするか、という根源的矛盾に臨む気概を持ってこそ、学問の意義と発展があるということが改めて理解できます。

だから、私たちも、言語化できない/客観化できないという理由で、デザインから「感性」と「美意識」を排除してしまってはいけないのだと思います。美学の導入を参照しただけで、この思いがより強くなってきました。

検討を進めましょう。「美」の定義の難しさについて、また別に以下のように述べられています。

美を定義したり、それについて語ったりすることの難しさや、それにまつわる紛らわしさは、それが本来形容詞であることに由来する。

名詞はおおむね一定の物体を指していて、一義的な明瞭性をもっているのに対して、形容詞は様々な対象に分散して認められる或る属性を示している[10]。

「りんご」という名詞自体に美しさの概念は入っていません。私たちはその美しさを説明しようとする時に、「美しいりんご」と言う必要があります。「美しい○○」と表現することで、その○○は美しくなります。

しかし、おそらくその美しさの性質は○○によって異なります。「美しいりんご」と「美しい気持ち」は、その性質が異なるでしょう。では、美しさの性質は「美しい」という形容詞にあるのでしょうか？　その対象となる「名詞」に内在するのでしょうか？　どちらか、またはその両方でしょうか？

近世の美学は、視点を逆転させ、美を主観の側から規定する道を選んだ。すなわち、美しい対象の特徴を規定するのではなく、それを経験する心の特質によって美を定義しようとする[11]。

「美は対象の性質として知覚される」ということに対して、この辞典では上の引用のように説明しています。その「心の特質」とは何でしょうか？　ここではスウェーデンの美学者G・ヘルメレンの以下のような区別が参照されています[12]。

①情緒的な質（emotion qualities）
陰気な、厳粛な、晴れやかな、センチメンタルな、喜ばしい、悲しい、メランコリックな、陽気な、熱狂的な、淫らな、等々。

②行動の質（behavior qualities）
大胆な、神経質な、力強い、激しい、熱烈な、いらいらした、控えめな、優美な、寛いだ、優しい、仰々しい、堅苦しい、等々。

③形態の質（gestalt qualities）
統一のある、ばらばらの、首尾一貫した、緊密な、単純な、均衡のとれた、調和的な、混沌とした、等々。

④趣味の質（taste qualities）
エレガントな、愉快な、どぎつい、けばけばしい、ピクチャレスク、崇高な、美しい、キッチュ、不細工な、卑俗な、醜い、等々。

⑤情動的な質（affective qualities）または、反応の質（reaction qualities）
可笑しい、滑稽な、驚くべき、可愛い、衝撃的な、挑発的な、神秘的な、印象的な、等々。

これに対して、以下のような補足説明が付されています。

これらのうち、対象の構成上の形式的特徴である③は明瞭だが、他のものには多少の説明がいる。①と⑤は直ちに相似的と見える。①が芸術家や鑑賞者がその情緒を感じていなくてよいのに対して、⑤は「反応の質」とも言われているように、鑑賞者が実際に反応することによって現実化される質である。

また、②は人の行動のしかたを隠喩的に適用したものであり、④はある時代に、趣味の規範が批評家や鑑賞者たちによって主観化されたものである[13]。

ここで着目すべきは、⑤の「反応の質」であるように思われます。ここに「美」をコミュニケーション的特質／媒介的特質として捉える目線が現れています。これをより深く検討するために関連する記述がこの辞典のなかに窺えます。以下に引用します。

美は創造に必須の媒体である、ということだが、これを美を主題にして言い換えるならば、美は愛をかきたて、それによって創造活動を媒介する、ということになる。この思想を展開するならば、創り出されたものが芸術作品で、それ自体が美しいものであるならば、それはさらに次の創造を刺戟し、そこに美の連鎖が作られる。

美の創造性はまた、創作過程と作品をつなぐだけでなく、さらにその作品と解釈をつないで、創造性の連環を作り上げる[14]。

「美」が創造性の連環を作り上げる媒介となる、というこの見方は私たちに新たな視野を与えてくれるものではないでしょうか？　先に見たように、「美」は「どのような言葉もそれを捉えることができない」性質であるにもかかわらず、言語の媒介機能のように人々の創造性を媒介するものになっている、ということです。

私たちがここで考えている、「(デザインリーダーシップを)『誰も』に根付かせる」という目標の実現のためには、この創造性を媒介する「美」という捉え方が大きく参考になるように思われます。

今ここで、宝物箱を開く鍵をひとつゲットした気分です。ただ、宝物箱を開くためには後いくつの鍵を得なければならないのかは、まだわかりません。そもそも開けた箱の中に宝物があるのかさえも。さらに、その箱自体がそもそもあるのかさえもですが・・・。

でも、先行き不透明で、不確実で曖昧な状況を、楽しんで進んでいくのが「デザイン態度」だったことを思い出してほしいと思います。

3-2-3　知性と感性を対立するものとして捉える必要はない

余談ですが、長く大学教員をしていると、学生が使う言葉遣いに敏感になります。筆者らが普段接する学生の多くは20歳前後の若者です。若者の会話のなかでは、定期的に新たな言葉や使い方が生み出されます。そのうち、一時の流行で消えていくものもあれば、そのまま日常の語彙に定着していくものもあります。

学生たちがよく使っている言葉遣いで最近気になったのは、「わかりみ」という表現です。「わかる／理解する」という動詞の名詞形で、「（あなたが言っていることに）同意する／私にもよくわかる／共感できる」という時に発する表現のようです。あなたは、この「わかりみ」という表現を使われているでしょうか？

単に相手の言っている内容が理解できる、ということを超えて、それを言っている理由や背景、そして状況に共感できる、という感じで使うということのようです。つまり、「何がわかるか」ではなく「わかるという気持ちのあり方自体に同意する」ことであるらしいのです。ようです、らしい、を多発せねばならないのは、私たち自身がまだうまくこの表現を使いこなせないからにほかなりません。

さて、前項では美学の観点から「美」を検討しました。

引き続き「美学」と「美」を追っているところで、ある本のなかに気になる記述を見つけました。1750年に「美学」と呼ばれる学問の端緒となった『Aesthetica』という本を著した、ドイツの哲学者バウムガルテンについて書かれた部分です。以下に引用します。

当初バウムガルテンがめざしたのは、美の学問ではなかった。

（中略）

いわば、従来の知性や理性に基づく認識の論理学に対し、感覚や知覚、感性に基づくもうひとつの認識の論理学を構築しようとしたのである。彼は「知覚」あるいは「感性」について考える学問を興そうとして、いわば、美を切り口とした。

しかも彼が注目したのは、「対象としての美」ではなく、「認識としての美」であった。何が美しいかではなく、美しいと感じる心のあり方を考えようとしていた[15]。

私がここで気になったのは「『対象としての美』ではなく、『認識としての美』」、そして「何が美しいかではなく、美しいと感じる心のあり方」というところです。そう、鋭いみなさんならもうおわかりでしょう。これ、先ほどの「わかる」と「わかりみ」の関係に似ていると思いませんか？ バウムガルテンが注目したのは、美しさの「わかりみ」だったのではないでしょうか？ 引用した本は『美感　感と知の融合』というタイトル[16]のものです。この本では、その「わかりみ」のことを美感と呼んでいます。とは言っても、この本のなかで「わかりみ」と言っているわけではないので、正確を期すために「美感」に関する説明部分を引用しておきましょう。

本書は『美』ではなく、『美感』に焦点を当てている。美感とは、一般的な使い方では、『美しいと感じること』あるいは『美に対する感覚・感受性』を意味する言葉である。したがって、ここでは、美に対する感受性をもっていて、対象を美しいと感じる『人』を主語（subject）として、人は何に美を感じ、何を美しいと思うのか、それはなぜかを考えることになる。

さらに、より重要なこととして、その作業を通して、人はいかにして美を感じるのか、つまり、美を感じる際の特徴や処理について考えることになる。そのことによって、個々の美の向こう側に共通する普遍的なるものを捉えようというのが本書の主眼である[17]。

いかがでしょうか? さらにここで「個々の美の向こう側に共通する普遍的なるものを捉えよう」という記述に着目したいと思います。今私たちが「美」に関わることついて検討しているのは、以下のような問いに基づいていました。

「誰もが発揮できる」という状況を実現するために、デザインから「感性」と「美意識」を排除してしまってよいのでしょうか?

（中略）

問題の本質は、「感性」と「美意識」ということばの響きを、どのように私たちの日常に取り戻すか、ということになるでしょう。（本書115-116ページ）

もしかして、ここで「個々の美の向こう側に共通する普遍的なるもの」を捉えることができれば、「感性」と「美意識」を私たちの日常に取り戻すことができるのではないでしょうか?

と、光明が差したかと思ったのは一瞬で、どんなに素晴らしい本であっても、そんな深遠な問いの答えがいくらなんでもズバリ一冊にまとまっているわけはありません。研究とはいつもあくなき探求のプロセスです。

とはいえ、何かヒントは得られるはずです。そう思って読み進めていったところ、以下のような記述を見つけました。

何を美しいと思うかはそれぞれ人によって異なるけれども、美しく感じる際に反応する脳の部位は共通している[18]。

これは、前項での考察のために引用した以下の記述にも通じています。

近世の美学は、視点を逆転させ、美を主観の側から規定する道を選んだ。すなわち、美しい対象の特徴を規定するのではなく、それを経験する心の特質によって美を定義しようとする[19]。

確かに「個々の美の向こう側に共通する普遍的なるもの」は、対象の特徴にあるのではなく、私たちの心の特質にある、という考え方は理解できます。美学が捉える美の定義として、これを軸に考察を深めていくべきなのかもしれません。

でも、何か引っかかります。そう、「わかる」のだが「わかりみ」は深くないのです（使い方あっています?）。

そもそもそんなにはっきり「美（を感じること）」に関して「対象の特徴」と「心の特質」を分けて捉えることができるのでしょうか。私たちはいつも探求者なのだから、こういう直感は大事にしたいと思います。

そう思ってさらに、『美感』の読解を進めたところ、以下のような言及が私の目を引きました。

例えば、フランスの哲学者Reboul（1980）はアイロンに触ったとき、その温度が低ければアイロンの温度として意識できるが、温度が高ければ手の痛みとして感じられると指摘した。この場合、温度という連続的な物理値が、低ければ対象の特性に帰属され、高すぎれば主体の感覚に帰属されることを意味している。

感性や感覚の研究においては、対象と主体、客観と主観、物と人、外在と内在という対峙すべき概念は入れ替わりうるのである[20]。

これはどういうことでしょうか？　先ほどの「対象の特徴にあるのではなく、私たちの心の特質にある」という二極分化の考えを却下できる可能性がここにあるということでしょうか？　続いて筆者らは以下のように述べています。

刺激特性からの説明と内的処理の説明は共存可能で、どちらが正しいというものでもない[21]。

やはりそのようです。先人たちも、私の考えと同様に二極分化を乗り越えようとしていました。さらにこの本（『美感』）では、俯瞰して「知」と「感」との関係に広げた以下のような言及があります。

美感というと、知識や知性の問題ではなく、感性とか感情の問題だという風に、「知」と「感」を二分して捉える方がおられます。そうではなく、知性も感性の一部とも捉えられるし、感性判断のかなりの部分は知識に基づいている。

もちろん、本能や既存の知識以外のものに基づく判断や表現もあるのですが、いずれにしても「知」と「感」を対立するものとして捉える必要はない[22]。

ここで述べられているように「知性も感性の一部とも捉えられるし、感性判断のかなりの部分は知識に基づいている」とすれば、デザインをめぐる言論において私たちの日常から「感性」と「美意識」が失われている状況に対して、私たちがそれを取り戻そうとする大きな根拠になりえます。そもそも「『知』と『感』を対立するものとして捉える必要はない」のです。この「『知』と『感』を対立するものとして捉える必要はない」という知見を得られたのが、ここで最も大きな収穫でしょう。次項以降では、知性と感性との関係について考察を深めていきたいと思います。

3-2-4 感性によって世界を認識し、知性によって解釈し意味づけをする、さらに・・・？

「知性と感性との関係について考察を深めていきたい」とは言ったものの、考察はなかなか進まず悩みます。いろいろな文献を調べ、いろいろ考えを巡らし、進んではいるのです。でも、まだ何か違うのです。

知性と感性に関わる議論の現状として、ビジネスや社会実践の場で知性にばかり重きが置かれ、感性に言及されることが相対的に少ないという指摘は確かに多いです。

われわれ人間は感情の動物であり、感性をもった存在である。そのような存在としての人間と、その人間が形成する社会、文化を社会学の立場から理解するためには、感情と感性について考察しなければならない。だがこの点に関する研究はほとんどなされていなかった[23]。

西欧の合理主義思想、がもたらした現代社会のテクノロジーは、確かに人類の福祉・幸福に多大な恩恵をもたらした。しかし、これによる知性偏重の弊害が感性という人間性の側面を損なう負の遺産をもたらしたことも事実である[24]。

教育においても、知性だけでなく感性を育てることが重要だと、これまでに多くの識者たちが述べています[25]。ここに共通するのは、「知性偏重ではなく、感性を取り戻せ」「これからは感性が重要になる」というメッセージです。

もちろん、この方向では知性偏重が感性偏重に移行するだけになってしまいます。それでは、そのうち近い将来に「感性偏重ではなく、知性を取り戻せ」「これからは知性が重要になる」という指摘が増えることになるだけだと思います。このように、2極の対立概念を言ったり来たり、振り子を揺らしながら、いずれ中点に収斂していくのが世の常と言われれば、確かにそうなのかもしれません。

そうすると、この先には「これからは知性と感性をバランスよく育て実践できることが重要だ」という指摘が有効になるでしょう。すでに現状でも冷静な指摘として受け入れられています[26]。この点においては、左脳と右脳のメタファーが用いられることが多いです。ビジネスや社会実践の場では、左脳偏重、右脳偏重ではなく、脳全体の部位を活性化させるのだ、と。なんとなくニュータイプや強化人間を想像してしまいます（ということ自体がオールドタイプの証でしょうか）。

このような議論から、感性の重要性が世の中で認知されているので、そう悲観的にならなくてよいじゃないか、と言われるかもしれません。そもそもこの議論は「デザインリーダーシップ」を一般に浸透させるために、感性を前提にして語ることがハードルになってしまうことの懸念から始まったものでした。感性の重要性が理解されているのであれば、別にそれでよいじゃないか、と。

でも、そこにある何らかの違和感が払拭できません。果たして本当にそれでよいのでしょうか？この違和感はなんでしょう？

研究者としては、このかたちのないもやっとした違和感はむしろ歓迎されるべき代物です。日常のなかで、この微弱なパルスを検知できることが、研究者であることの適性が試されているとも言えるでしょう。なぜなら、そこにこれから取り組むべき研究課題が隠れているからです。

ん、これから取り組むべき研究課題？　先ほど、「これからは感性が重要になる」「これからは知性と感性をバランスよく育て実践できることが重要だ」ということについて述べました。いずれにも

「これから」がついており、「未来」の話をしています。でも、知性と感性の関係で議論できる範囲は現在とこれまでのことです。そうだ、そこに違和感があるのです。

だがそれは「どうあるか」を教えてくれるだけじゃ
我々が生きていくうえで大事なことは
世界は「どうあるべきか」という事じゃないかね？[27]

カントの『純粋理性批判』における指摘について、朝倉[28]は以下のようにまとめています。ちなみに、カントが『純粋理性批判』の第一版を著したのは１７８１年のことです。それから２４０年経った今、私たちはデザインリーダーシップの文脈でいまだに同様のことに考えを巡らしています。

カントは「人間の認識は、感性という形式、悟性（知性）という形式、理性の形式によって制限されている」と唱えました。

カントによれば、人間の認識とは、五感から入ってきた情報を時間と空間という形式によってまとめあげる能力としての「感性」、概念に従って整理する能力としての「悟性（知性）」に基づき、考える能力としての「理性」によって統一像にもたらされたものだと導き出しました。つまり、私たちは

表4　カントによる「人間の認識」＝以下の３つの統一像（朝倉（2019）より作成）

感性	五感から入ってきた情報を時間と空間という形式によってまとめあげる能力
悟性（知性）	概念に従って整理する能力
理性	考える能力

物をそれ自体として認識するのではなく、物が私たちに現れるとおりに認識することしかできないということなのです。これを認識論における「コペルニクス的転回」と呼びます[29]。

この話をもう少しわかりやすく表にまとめてみましょう（表4）。

確かに私たちはこれまで、「知性」と「感性」の関係について考えを巡らしてきました。そして先ほどその二者の関係だけでは、現状やこれまでの認識しかできないことに気づきました。

それでは、これからの世界を構想する「デザイン」の話に結びつけられません。感性によって世界を認識し、知性によって解釈し意味づけをする。それだけでは「今あるもの／これまでにあったもの」は捉えられても、「これからあるべきもの」は考えられないのではないでしょうか？

そこにカントは、考える能力としての「理性」を加えています。これは構想力や推論する力とも捉えられており、この「理性」によって人は「これからあるべきもの」を考えられるようになります。

これでやっと「デザイン」そして「デザインリーダーシップ」の地平でこの議論を捉えられます。ただし、これで「捉えられるようになる」だけで、ここから議論を始められるようになっただけです。私たちの考察はまだ始まっていません。

「俺たちもう終わっちゃったのかな？」「バカヤロー、まだ始まっちゃいねぇよ」[30]

そして、カントの認識論における最重要点が以下となります。

つまり、私たちは物をそれ自体として認識するのではなく、物が私たちに現れるとおりに認識することしかできない[31]。

しかも、この認識の前提は「デザイン」そして「デザインリーダーシップ」の認識論にも通じ、この意味でも非常に重要な点です。非常に重要な点であるにもかかわらず、この点の理解は疎かにされてきました。

これが「デザイン学の不在」つまりデザイン「学」とは名ばかりで、各学問分野の応用実践を行うだけで、デザイン学独自の基礎科学を確立できていないことが指摘される大きな原因のひとつでもあります。これについてはまた次の機会にゆっくりと話しましょう。

第2部

デザインリーダーシップの実践的検討

第4章 新しいリーダーシップのデザイン

4-1 リーダーシップにこだわるようになったきっかけ

八重樫 まず、そもそも大西さんが、新しいリーダーシップをデザインしなければならない、と思うきっかけにはどんなことがあったのでしょうか?

大西 私はむかし社会人野球のホンダ鈴鹿硬式野球部で監督をしていました。チームづくりをしていた当時は、自分がまとめすぎたとか、トップダウンでやりすぎたとか、改革を急ぎすぎたとか、いろいろ考えていました。そして、自分にはチームをまとめ上げる力がないなとも思っていたんです。
その後、監督の役目を終えてから、社業で人事の仕事をやり始めました。そこで、優秀なエンジニアの人たちも、リーダーシップの発揮で何かしら問題が起こり、うまくいかないことが多いことに気づきました。それはなぜだろう?と。

勝てる野球チームにしても、うまくいくビジネスの現場にしても、優秀なリーダーの存在がそこにある。でも、どういうことをやる人が優秀なリーダーなのかが、当時の自分にはまったくわからなかった。それを探究したいと思ったのが、リーダーシップに興味を持ったきっかけです。そこで多くの本に目を通したり、社外のセミナーに参加したりして学び、リーダーシップを考えることがおもしろいと感じるようになったんです。

それからリーダーシップに関わる仕事を続けています。私のリーダーシップに対する考え方の原点は、ホンダという会社での経験にあると思います。ホンダは基本的に、「管理」という意味合いが強いマネジメントをあまりしていません。個をできるだけ尊重して、人間の根源の力を最大化させていくという「人間尊重」という理念に基づいているからです。

ホンダではまず「個をいかに際立たせるか」を考えます。その強い個がぶつかり合うことで、チームとしてのアウトプットが高められる、と考えるのです。だから、上司からは常に「あなたはどうしたい?」「あなたはどう思うのか?」ということを尋ねられていました。さらに、「これをやれば誰が幸せになるのか?」というような、すごく本質的な問いをされることも多かった。

当時はそれが普通だと思っていました。でも、ホンダを離れてリーダーシップに関わる仕事を続けていると何だか違う。それが普通ではなかったことに気づきました。実は、ホンダって変わった会社だったんです。

今ではリーダーシップ開発や研修に関わっていろいろな会社に行きます。例えば、銀行でリーダーシップというと、役職者がトップダウンで強権を発動して、みながそれに従い仕事の鬼のように働く、というイメージがいまだ定着しているように思います（テレビドラマがシリーズ化されているのに象徴的ですね）。

一般のビジネスでも、もともと日本ではボトムアップ的にいろいろやっていくのが強かったはずなんです。でも、目標管理制度などの仕組みの機能不全や制度の形骸化から、上から言われたことだけやればいいというような現場の雰囲気ができあがってしまっています。

目標管理制度だって、それまでのいろいろな課題を解決するために導入された画期的なシステムだったはずです。しかし、そのそもそもの意味と、価値を成立させていた社会背景の変化を誰も問わないまま形骸化してしまった。制度自体が悪いのでなく、その意味を自分たちが問わなくなったことが問題なんだと思います。そんなところで、新たなものやクオリティの高いものが提供できるのか、という思いを今もずっと持っています。

そういう意味で、日本の会社では、その会社の理念やビジョンに則したリーダーシップのあり方や、そもそものリーダーシップの意味づけが問われぬままに、古いリーダーシップ概念の理解のままいまだに会社を動かしている例が多いと感じます。だから、リーダーシップの意味をきっちりと発信して定義づけ、浸透させていくということをしていかなければならないと思うようになりました。日本でリーダーシップを明確に理解して発揮できる人を、ちゃんと育成していかないとまずいんじゃないか、と。ネルソン・マンデラのことばで言うところの「教育は最大の武器になる」ということですね。

これが、私が新しいリーダーシップをデザインしなければならない、と考えた背景です。

八重樫　僕は、デザイン学が専門です。デザイン学と一口に言ってもいろいろな視角から見ることが可能で、僕は経営学の視角から研究を進めています。デザインマネジメントという研究領域です。

経営学における諸研究を見ていて気づいたことは、企業経営に実際に介入する研究は主流ではないということです。介入とは、自分が企業経営のなかの何かの活動に積極的に関わっていって、その様態や成果を分析するということです。むしろ、企業経営は研究者とは別に実践されていて、研究者はその動態に手を加えることはなく、観察・評価・分析者に徹する。介入すると研究者の意図がそこに入ってしまうので、客観的に厳密な評価が行えない、ということはよくわかります。

一方で、このような厳密な評価や分析に基づく知見が論文のなかにたくさんあるのに、それが実際に企業経営に活かされる機会が非常に少ないことにもったいなさを感じます。だから、研究で明らかになったたくさんの知見を、研究者自身が実際に用いてみて（組織に適用してみて）、そこで起こることを評価するような研究をもっと積極的に進めていってもよいんじゃないかと思うようになりました。

リーダーシップは現在主に、経営学、心理学、政治学の分野で研究されています。そこでは先に述べたように、企業・組織・社会で実践されている／されたことを分析するスタイルが主流です。でも、僕はデザイン学が専門なので、デザイン学的にリーダーシップを捉えようとすると、やっぱり、自分が新たなリーダーシップのあり方やスタイルを積極的に創り出し、試してみて、それで起こったことを評価する、というやり方を自然に思い浮かべてしまう。でも、そういう研究は実際にほとんどない。だから、企業や組織で自然発生的に生まれる新しいリーダーシップを待っているよりも、新たなリーダーシップを積極的に生む機会を自分で仕掛けていって、その動態を研究していきたい、と思っていたところで、大西さんと出会い意気投合したわけです。

4−2　リーダーシップをデザインするための7つの指針

八重樫　「新しいリーダーシップのデザイン」についてこれから議論していくにあたって、大西さんが提示されているリーダーシップの7つの観点をガイドにしていくと話を進めやすいように思うのですが、いかがでしょうか？

大西　はい、私はリーダーシップを次のように捉えています。

1　リーダーシップは、自分や周囲の人をよりよくしたいと思う素朴な気持ち
2　リーダーシップは、組織の一部の人間が、グイグイと引っ張って生み出すものではない
3　リーダーシップは、ポジションや権限のある人だけが、ボス的に生み出すものではない
4　リーダーシップは、多様性があり、その人らしさにおける自己表現でもある
5　リーダーシップの力は、単に個人の能力やスキルだけによるものではない
6　リーダーシップは、チームメンバー間のコミュニケーションや人間関係の質をよくすることで生まれてくる

7　リーダーシップを発揮すること、生み出すことを通して、リーダーシップの種が周囲にまかれていく

八重樫　ここからひとつずつ取り上げて、大西さんのご自身の経験に絡めてお話しいただき、ふくらませていくとわかりやすいかなと思います。

大西　私の特に、野球やスポーツの経験を挙げてお話ししていくとわかりやすいと思いますが、いかがでしょうか。もちろん、ビジネス経験についても絡めていきます。

八重樫　いいですね、ぜひお願いします。ちなみに、何かを説明したり相手によく伝えたい時に「例えば、〇〇のように」というように、別のわかりやすいものに喩えることを「メタファーの利用」といって、デザインマネジメントでは組織の理念や商品のコンセプトを浸透させる場面で用いられるテクニックのひとつです。メタファーとは「〇〇のような」といった比喩のことを言います。

例えば、スイスの時計メーカー「スウォッチ」は、これまで時計は一生モノと言われていた意味を革新し、シーズンごとに新たなモデルを廉価で発売するという特徴的なコンセプトを打ち出しました。その時に用いられたメタファーが「ネクタイのような時計」だと言われています。

このメタファーによって、ネクタイのように、いくつ持っていてもよく、その日のファッションや気分に合わせてつけかえられる時計、という意味をパッと理解できます。さらに、そのパッケージや、

お店での陳列レイアウトなども簡単にイメージできるでしょう。メタファーは、商品を買うお客さんだけでなく、開発、営業、物流、販売といったその商品に関わるたくさんの異なる専門や部署に共通のイメージを持たせられる強力なツールとされています。

他に、例えばスティーブ・ジョブズがiPodをつくる時に用いたのが「ポケットに1000曲を」で、国鉄がブルートレイン（東京〜九州の寝台列車）を開発する時に用いたのが「走るホテル」など、いろいろあります。

4-2-1 リーダーシップは、自分や周囲の人をよりよくしたいと思う素朴な気持ち

八重樫 ではまず、ひとつめ「リーダーシップは、自分や周囲の人をよりよくしたいと思う素朴な気持ち」から、野球やスポーツの経験を中心に辿りながら、お話しいただけないでしょうか。

大西 リーダーシップが自分や周囲の人をよりよくしたいと思う気持ちである、というのは、私が野球から学んだことです。例えば、ベンチのメンバーが積極的に、レギュラーに対して今何ができるかを考え動き、レギュラーも控え選手もひとつの目的目標に向かっているチームが強い、ということは理解しやすいかと思います。

もちろん自分がレギュラーをとるために、時にはいかに他者を蹴落とすかを考えてしまったりするかもしれません。でも、そういう考え方や、あいつが出ているからおれは何もしない、などと考える

メンバーがチームにひとりでもいると、チーム自体が腐っていって、強いチームにはなりません。

大事なのは、自分のことだけじゃなくて、常にその状況で周囲に対して何ができるのか、考えられることです。チームのみんなが、それぞれ自分は今何ができるんだろうということを考え、他者をリスペクトして能力を引き出すために自分が貢献するということ、それが強いチームに導くリーダーシップだと思います。名経営者であった京セラの創業者である稲盛和夫氏の哲学で言えば「利他の心」と言うものですね。

このようにリーダーシップを捉えると、一人ひとりがリーダーシップを発揮すれば強いチームになる、というように言うことができます。でも逆に、例えばチームが勝てない状態が続いていくと、監督は選手を管理したがるようになっていくことが多い。つまり、強権的なリーダーシップを発揮したくなっていくんです。

けれども、私は監督が行うことはそういう方向ではないんじゃないかと思っていました。その時は、私はまだ社会人野球チームのマネージャーで、漠然と感じていただけでした。ちょうどそういう時期に、恩師である早稲田大学で臨床心理学をご研究されている小杉正太郎先生に出会いました。小杉先生はメンタルヘルスが専門で、ストレス対処の専門家です。

そこで小杉先生にどうしたらチームが強くなるのかと聞いたら、「組織のなかでも、自分が自分らしく振る舞えば、チームは勝つんだ」と言われたんです。その時は正直うまく理解できませんでした。でもその後ずっと引っかかっていて、小杉先生が言われたことはいったいどういうことだったのか、ということをずっと追い続けていました。

自分が監督になってまず実践したのは、「こうあるべきだ」「こうしなければならない」という既成概念を押し付けていくティーチングを中心とした野球の指導法をいったん置いて、その人の持っているものをいかに引き出すか、というコーチング中心のアプローチにシフトさせたことです。そうすることで、選手の能力や個性の自由な発現を徹底的に図る。個が中心で、個が主義主張し、個が意見を言い、個が練習プログラムを考えていく。そういうチーム運営を実行しました。

これは、そもそも野球という競技自体がチームスポーツとしてのみ語られてきたことに対して、個人競技的な側面に注目した成果です。ピッチャーとバッターはそもそも一対一で、ランナーが盗塁すると言っても、ピッチャーとランナーとの一対一の駆け引きになるし、3割バッターが3人並んでいても、27分の1回しか3回連続でヒットが続くことはなく確率が決して高いものではない。こう考えた時に、個人競技としての側面が強く出ます。とはいえ、チームスポーツとしての側面が失われるわけではありません。野球というスポーツを、個人とチームという2つの側面の相互作用として捉えたことは、従来の野球の意味を変えたことだったように思います。

八重樫　「ものごとの意味を問う」というのは、デザインの本質的なところでもあります。デザインには歴史上さまざまな定義があり、現在ではそれらの定義が混在していて、それが一般的にデザインを捉えにくくしている一因でもあります。特に最近のビジネスの文脈において、デザインとは従来の色かたちをきれいにまとめ上げることにとどまらず、もっと広く捉えられていると言われることが多いのですが、実際にどのように広く捉えられているのかが具体的でない場合がほとんどです。

そこで目下の不確実で先の見えない社会状況に照らすと、Design is making sense of things（デザインとは、ものごとに意味を与える行為である）[1] という定義が優勢なものとなりうると思っています。

そしてこの「ものごとの意味を問う」というデザインの特徴が、企業組織のイノベーションにおいて重要な役割を果たします。従来の企業組織のイノベーションでは、技術的な観点から「モノやサービスの機能」を革新するという見方でした。もちろん、このような考え方でこれまでにたくさんの画期的な商品／製品が生まれました。日本企業が世界に優位性を示してきた多くも、この技術によるイノベーションです。

でも、機能性を向上させることだけがイノベーションではありません。実際に、人々が求めているのは、モノの機能だけではなく、自分にとってそのモノがどんな「意味」を持っているのか、ということです。

先ほど、メタファーの例で示したように、時計が「一生モノ」から「ネクタイのようなモノ」に変わる、単なる移動のための乗り物だった列車が「走るホテル」に変わる、その背景に技術的なイノベーションが当然起こっていますが、人々がまず感じる感情的な面において、技術やスペックは前に出ていません。

このモノゴトの「意味」をイノベーションの対象として捉え研究したのが、ミラノ工科大学／ストックホルム経済大学院のロベルト・ベルガンティ教授です。僕は2015年と2019年、彼の元に研究滞在していました。
大西さんが野球というスポーツを、「チームスポーツ」から「個人」へ、そして「個人とチームという2つの側面の相互作用」へ捉え直したというお話は、まさに「意味のイノベーション」だと感じました。
そしてこの意味の問い直しは、私たちがこれからの新しいリーダーシップを考える時に、有効な視点だと思います。

大西　そのとおりだと思います。リーダーシップの意味を捉え直すという視点から、この事例（野球を、「単なるチームスポーツ」から「個人とチームの相互作用」）と考えるとよく整理できるでしょう。野球を「個人とチームの相互作用」という意味で捉え直すと、そこに表れるリーダーシップは自分や周囲の人をよりよくしたいと思う気持ちに基づいた行動となる。そうすると、一人ひとりが自分らしくそのリーダーシップを発揮すれば、強い、よいチームや組織になる、ということです。

八重樫　ただ、そうした時に、自分が自分らしく「個人の思いを前に出す」ということと「相手のことを先に考える」ということが、相反し拮抗して捉えられてしまうと思うんです。
特に、これが企業など組織での話になった時に、企業の理念が強くあればあるほど、個人の意志が立たない、ということになってしまいがちです。例えば最近、企業の組織開発担当者から、次のような質問を受けることがよくあります。

「それぞれの社員の個人の思いを立てようとすると、企業理念への意識が薄まっていって、組織のまとまりがなくなってしまいませんか?」

この個人が主張することと、組織の考えを受け入れることとの関係について、大西さんはどのように考えられていますか?

大西　正直に言うと私は、個人の思いを立てようとすることが、組織のまとまりをなくすとは思いません。自分のために働くことは組織のためになり、会社のためになり、世の中のためになる、というホンダの企業風土が染み付いているので、そこに疑問を感じないいんです。

そこには、「組織が先にある」という考え方がそもそもありません。あくまで先にあるのは「個人の考え」です。だから、個人が主義主張したり、意見をぶつけていくっていうことは、「いいね、なかなか勇敢なやつが入ってきたね」くらいにしか扱われなくて、言うことを聞かないとか、相反するという見方は、ホンダではされませんでした。

十数年前に起業した時に、銀行に勤めていた妻から「お父さん、本当に起業して大丈夫?」と言われました。その裏には、銀行勤めから見るとホンダはそもそも毛色の違う会社に映っていて、その文化を踏襲して独立してやっていけるのか、という心配があったようです。

その後いろんな会社に行き、さまざまなことに気づきました。例えば、朝礼などで企業理念を唱和している会社も多く見られます。でもそのうち、実際の仕事の場でその企業理念が実践されている会社はほとんど見られない。そこにあるのは、単なる読み上げのルーティンだけで、そのことばの意味を理解しようとする、本質的な問いの機会がないんです。

でも、本質的な問いの機会を持っている会社もあります。会社の理念を現場でよく実行していこうと、社員が真摯に議論する場に出会うことがあります。このような会社では「うち（自分たち）らしい、うち（自分たち）らしくない」という議論が交わされます。でも、そうでない会社では儲かるか儲からないかという議論しかされないところが多い。

その、うちらしいか、うちらしくないか、を問えるかどうかが、個人や個人の意見をどこまで真摯に受け止めるかということに強く結びついているようです。それができている会社は社風がよかったり、長く業績を上げているように思います。

自由闊達なものの言い合いができるかできないか、ということが大きな要素かと思いますね。

八重樫　今、デザイン態度についていろいろ調べていて、「デザイン態度」と「個人の性格」との関係を分析しています。そこで「倫理的である」という性格要素と「デザイン態度」が相関するということがわかってきています。

個の考えを前に出す、個人のビジョンを持って進むというのは、デザイン態度に特徴的なことです。でも、そういうことは自分勝手だと一般的に思われることが多い。それが実は、倫理的に敏感である、ということと強く関わっているということは、とても示唆があるんじゃないかと思っています。

つまり、デザイン態度には、世の中を豊かにしたい、世の中をよくしたいという思いの柱が立っていて、その柱に対して自分がどう貢献できるのかというのを、まずしっかり考えているという前提がある。だから、デザイン態度が自分の考えを前に出すというのは、世の中をよくすることに対して、自分の力がどういう側面からどうやって貢献できるのかということをしっかり考えていることの表れなんです。組織や社会を顧みない自分勝手とは遠く離れた次元にある。

そして、個人と世の中の間に、企業や組織が入ってきます。企業や組織の理念も突き詰めれば、世の中をよくすることだと思うんです。そうすると、ちょっとまわりくどい言い方ですが、世の中をよくしたいという理念を持つ企業活動に貢献するために、世の中をよくしようとする自分がいることになる。だから、企業の理念に自分がつぶされることはないんですよね。だって、世の中をよくしようとする自分が消えてしまうと、世の中がよくならないから。大西さんがおっしゃっていた、自分のために働くことは組織のためになり、会社のためになり、世の中のためになる、というホンダの考え方と合致します。

こういう考え方ができるのが、デザイン態度の特徴なのかな、と今思っているところです。

大西　「倫理的である」というのは重要なことだと思います。コンプライアンスが守れる人を管理職にしていかないと、企業としてはガバナンス的に危ういことから、ヒューマンアセスメントという研修プログラムのなかに、倫理の内容を入れて、私は実行しています。

ただ、私がこれまで出会ったハイパフォーマンスのリーダーたちは、倫理観がはんぱなく高かったということは、先生が言われることとまったく一緒でしたね。

4-2-2　リーダーシップは、組織の一部の人間が、グイグイと引っ張って生み出すものではない

八重樫　大西さんが2つめのポイントとして挙げられているのは、「リーダーシップは、個人や一部の組織の人間が、グイグイと引っ張って生み出すものではない」ということです。これまでの話で、その言わんとすることはわかりかけてきているように思います。

じゃあ、ここでリーダーシップというのはどういう行動として実際に表れるのか、どういうことが行われればリーダーシップなのか、ということが疑問になってくると思うんです。

大西　「世のため人のため」という考えに基づく行動が中心になる、ということは間違いがないのかなと思っています。企業コンサルティングのなかで、優秀なエンジニアやデザイナーがどういうコンピテンシー[2]を持っているか、ということを調査しました。その調査をして発見したことは、「世のため人のため」という、政治家や官僚のコンピテンシーを調査した時とまったく同じ結果がそこで示されていたことです。

つまり、優秀な人ほど、自分たちの技術がいかに世のため人のために活用していけるか、ということを考えて動いていたということです。特に今の時代に求められる「変革のリーダー」と言われる役割には、この世のため人のために何をやるかがしっかりしている、そこに肝が一本びしっと意識的にあることが条件になると思っています。

「世のため人のため」を実行するには、ずる賢くできないし、本流で勝負していく必要がある。そういう人たちは、自分の内面からのミッションとして、使命としてそれをやろうとしている。明確に大志を持っているんです。言い換えると、命がけなんですよね。命がけの人のことばって、やっぱりとても響くんです。

また、ここまでの話では、どちらかと言うと大きな企業を例に挙げてきましたが、リーダーシップの議論において企業の大小は問わないと思います。リーダーシップというものを捉える時の前提として大きいのは、やはり一部の特別な人が発揮する能力ではなくて、誰もが発揮すべきものという共通理解から始めるべきということではないかと思うんです。

このコロナ禍で、在宅勤務でテレワークをされている方も多いと思います。特にそういうオンライン環境での仕事を経験することで、従来型のリーダーから一斉の発破かけだけによるグイグイ引っ張っていくリーダーシップスタイルだけでは通用しなくなっている現実は、みなさん強く感じているんじゃないでしょうか。

そこでは、それぞれが自分の周りのメンバーにどう働きかけていくか、という他者への影響力が本質的な問いとなります。そこに権力や強さだけで声を荒げるやり方はもう効かない。信頼できる相手か、話しやすい雰囲気を持っているか、常に気にかけてくれているか、というようにリーダーシップにはシンプルで人間本来のあり方に即した、五感に訴えかける仕草や表情、態度の側面が強く求められています。「ヒューマニティ」と言ってもよいでしょう。

それでもこの状況をイメージできない会社や管理職はいまだ多いです。組織や人事評価のあり方自体を変えなければならない話なのに気づかないんです。働き方改革や生産性の向上を、これまでの「意味」の範疇で行おうとしてしまう。求められているのは、先ほど話したように、それぞれの機能やスペックを上げる話ではなくて、リーダーシップしかり、組織で働くことや自分にとっての仕事の「意味」を変革することなんですね。

確かに、今の管理職の方々は、リーダーシップについて学んだ経験がほとんどない方が大半です。自分の経験のなかで起こったことを見よう見まねで再生産してしまう。よかれと思ってやっているつもりなのかもしれませんが、残念ながら百害あって一利なしのことのほうが多い。みんなまじめなんで一生懸命やろうとはしています。むしろ、やりすぎている。それがよくない方向に行っていることに気づかないリーダーや組織がとても多いと感じます。

八重樫　大西さんのご指摘はよくわかります。ただ、これまで一方的に権限や役職に根ざしたリーダーシップスタイルを「受けてきた」人たちからは、「そんなこと言ったって、上に訴えかけたり自分の意見を言ったって通らないし、理解してもらえない」という気持ちがすごく強くあるんじゃないかと思います。

大西　上司の問題としてあることは確かです。それを踏まえてあえて言うと、こういう発言自体が上司→部下という権力関係を再生産し増長していることにも注意を払うべきだと思います。一人ひとりがもっと自分の仕事に対してプロ意識を持たなければいけないと思うんです。経験やスキルからの話ではなく「自分がその会社のその職務を負っているという責任」の認識だと思います。仕事の大小はあれ、その仕事を社内で負っているのは確かにあなたしかいないわけですから、責任を持って相手が誰であっても主張すべきことはしていかなければならない。

ホンダで言われたのは、(仕事に対して)自分のこだわりを持て、ということでした。1回伝えてダメでも、もう1回行くべきだと。3回、4回断られたとしても、本当に自分が必要だと思うことなら、覚悟を決めて何回も行くべきだ、と教えられてきました。

それこそ、上司との「対立」から「コラボレーション」へと意味を変えていかなければならないんだと思います。「大変」というのは「大きく変わる」ということなので、大変なことに対する努力は惜しむな、相手に届くまで伝えることを止めるな、と私はホンダ時代に教えていただきました。

結局、何のためにやっているか、という話に戻ります。「世のため人のため」に自分が仕事をしている、という自覚をいかに持てるかということだと思います。その目的を明確に持てずに、目の前のことしか見えていない人が多いなと感じます。

八重樫　野球においてはどうなんでしょう?

大西　高校野球ぐらいになると、競技の特性として勝ち負けが明確に出てきます。そうすると、レギュラーと補欠の差が出てくる。そこで、自分はもうレギュラーにはなれないと自覚した時に、あきらめて補欠でもチームに貢献することを考えたり、大学の野球部で言うと学生コーチに転身していったり、その組織のなかでの自分の居場所を自分なりに見つけ出していくことになります。
そういう意味では、スポーツは平等ではなく、それぞれの個人のあり方を教えているところだと思っています。小学校中学校までは、スポーツを通じて健全な心身の育成を第一にやっていけばいいと思いますが、高校や大学になると勝ち負けによって次のキャリアが決まってしまうステージになります。そうなると、あきらめや挫折など大人社会で経験するようなことを、経験せざるをえない。でも、そこで積極的に自分の居場所を見つけて貢献する、という考え方にシフトできるかどうかが問われるんです。

私の大学野球部の同期でベンチにも入れなかったメンバーが、大きい会社・小さい会社を問わず役員になっていたり、経営者として活躍している仲間が多くいます。彼らに共通して言えるのは、4年間自分の居場所を見つけて有意義に過ごすことが上手だったメンバーだったということですね。

彼らは後輩の話をよく聞いてやっていました。レギュラーじゃない気持ちがよくわかるので、いろいろな視点からアドバイスができるんです。そして彼らに共通している点は、レギュラーじゃなくても言うべきことははっきり言っていました。

4-2-3　リーダーシップは、ポジションや権限のある人だけが、ボス的に生み出すものではない

八重樫　3つめは、「リーダーシップは、ポジションや権限のある人だけが、ボス的に生み出すものではない」です。

このようにリーダーシップを考えた時に、ポジションや権限を現状で持っていない人たちは、いったい自分に何ができるんだろうと思うんじゃないでしょうか。例えばスポーツチームで、監督やいわゆるリーダーと呼ばれる人ではない人が発揮するリーダーシップとはどのようなものか、それはどんなふうに表れるのか、大西さんのお考えを教えていただけますか？

大西　野球の場合に、監督がサインを出すプロセスを考えると、基本的には、「サインを出す」→「サインを受ける」→「動く」というプロセスになります。ここでは、選手は主体的に動いていません。

一方で、監督がサインを出さずに、選手に自分の状況判断で動け、と言うとします。そうすると、選手の動きには「個人の意思」が入ってきます。その個人の意思による裁量の幅をどんどん広げていってあげると、選手は主体的に自分からどんどん動いていって、自分に何ができるのかということに最善の努力をしていくことになる。それが一人ひとりのリーダーシップということになるんじゃないかと思います。

選手に指示しなくてもノーサインで戦えるチーム、選手個人が自律的に自分でものを考えて動きながらチームとしてつながる、私はそういうチームが理想だと思っています。

言い換えれば、選手それぞれが監督として考え自分で動けるようなチームです。とはいえ、選手個人は経験則も違うし、専門性も違う。だからまず、期待をかけて「自分の意思で動け」と言ってあげることが大事なんだと思います。そして次に伝えるべきは、「自分が決めたことなんだから、そのミスを自分で責めるな」ということです。

監督やコーチがやるべきことは、ミスを受容してあげることであって、ミスを頭ごなしにどなって責めることではありません。どういう判断で今トライしようとしたか、と選手に問うということが重要です。つまり、監督やコーチは常に選手に対して問うことがその役割です。

（走塁でアウトになった場合）「自分は行けると思いました」とみんな言うんです。でも、今回は何をもって行けるか判断してダメだったのかを問い、次の判断の質を高める必要があります。

野球は3アウト×9回なので、27のアウトで1試合が終わります。27の貯金があって、自分の無意識によってそれがひとつ失われたと考えると、選手は無駄なアウトひとつが1試合でどのくらいの重みを持つのかに気づきます。だから、選手個人が状況判断の質を高める必要がある。監督・コーチはそういう話をしながら、徹底的に個に問うていくのが役割だと思うんです。

でも、企業の管理職はそこまで個に問いかけません。マスで管理することばかり考えがちなのではないでしょうか。トップダウンで自分がこれが目標、って言ったらみんなわかっているという前提で話を進めていく。個人によってみんな解釈は違うので、あなたの言っていることはみんなぜんぜんわかってないよ、と思うんですけどね。そういう組織は現実にまだ多いんです。平気で人事異動をしますが、新しい支店長が来て、前任の支店長とやり方がまったく違うのに、その下でいきなりパフォーマンスを発揮しろなんて言うほうが無理だろうと思うわけです。

そういう意味では、野球の監督やコーチのほうが、監督の意図する野球のビジョンに対して、それを浸透させたり、理解してもらうための対話を持つことに対して努力しています。キャンプや合宿を含めて丁寧にチームをつくっていきます。だから、企業がチームづくりと言った時に、スポーツと比べるとビジネスはかなり乱暴だという印象がありますね。

私が監督の時に、恩師の小杉先生から、「○○さんがその場面で、そのサインを出したら本当に動くのかって常に考えろ」って言われたのが、ずっと頭に残っています。その場面で○○さんは、そのサインを出されることが嫌かもしれない。自分が本意じゃないと思ったことを、本当に本気でパフォーマンスを発揮してくれるのか。選手には好き嫌いがあって、常に観察し続けなければならない。選手が嫌いでも無理にさせるのか、打つっていう覚悟を決めた選手に、バントのサインを出した時に（バントが）成功する確率を考えたらどうなのか、と小杉先生から問いかけられました。

野球の試合での具体例を言えば、今こちらが後攻で8回裏、2点差で負けている。ノーアウトランナー1塁2塁で4番バッターの場合、私からの指示はセオリーに反して、「一振りで決めてこい」です。でも、本人はすごい嫌そうな顔をしている。これは実際にあった試合の話で、全日本のベスト9にも入った選手だったんですが、彼は実際に初球をバントしました。

4番の一振りで決められなかったら、続く5番、6番バッターにプレッシャーが増大します。そこで点が取れるのか確信がないので、打てって言ってるんですが、そこは打たなかった。結局、打線は続かず、チームとしてその試合はそのまま負けました。私が監督をクビになった試合です。でも、ここで4番が一振りで決めなければならないというのは、こちらの勝手な思いなんですね。

周囲は（打線が）続かなかったね、という温かい評価をしてくれました。一方で、野球に関する感性の鋭い関係者などは、「大西さん、あそこで送りバントをする（打たない）4番を据えているのが間違いだよ」とも言ってきました。どちらがよかったのかはわかりません。組織のなかで、個人が個人らしく振る舞わせることと、采配としてそれが的確かどうかを見極めなければならない、とても難しい問題です。

ビッグゲームのなかでは、人間の本質と感情が思いっきり出ます。きっとあの時の4番は、自分がバントすることがチームのためになる、つまりリーダーシップの発揮だと思っていたんだろうな、と思います。

八重樫　これまでの大西さんのお話を聞いて、野球のチームで言うと、自分で判断ができて動ける選手がいることが強いチームの条件になると思います。でも、そういうチームは実際に、現状でそう多くないと思います。それはなぜなのでしょうか？

大西　ティーチング主体でやられてきた指導者に付いていた選手は新たに採用しない、というのが、自分が監督だった時のポリシーでした。そういう選手には、監督を見て動くクセがついてしまっているからです。

基本的に言われたことを行うという習慣が身についています。

逆に、例えば私の大学野球部の後輩である、元ヤクルトスワローズの古田敦也さんは、特別に野球が強い学校を出ていないので、指導者の動きなどまったく気にせず自由気ままに振る舞うんです。うまくなるために純粋に練習する姿は今でも強く印象に残っています。

指導力の強い指導者たちの下でやってきたメンバーは、社会人であっても自分でものが考えられない、そういうケースを見てきました。監督の顔色を窺うことはうまいのですが。

だから、自分が監督になった時、新しく採用する選手は、自分で考えられることを基準にする。それまでにいたメンバーに対しては、自分で練習メニューを立てるなど、自分で考えられるようになる仕組みづくりを徹底的にやりました。今風に言えば「思考習慣を変える」ということです。

例えば、「現地集合・現地解散」もその一環として実施しました。それまでは遠征に行くとなると、マネージャーが全部切符を手配して、どの駅の何番ホームで新幹線に乗って、目的地にたどり着くまでを事細かに選手に伝えていたんです。それをある時、○時にホテル集合、食事を各自とってから○時にチームミーティング、ということだけ設定したところ、自分だけでそこに来られない選手が何人も出てきた。

これは社会人野球の話です。彼らは会社員なのに、自分で出張申請もできないということになりますね。それじゃあ、やっぱり野球でも自分で状況判断ができないだろうと。だから、常に団体で移動していたのを、個人で移動させるようにしました。そういうところからチームメンバーの意識改革をしていきました。

八重樫　その話、うちのゼミでも、どこかに移動する時は「現地集合・現地解散」を原則にしてきたので、すごく共感します。自分で状況判断ができることはとても大事で、それを日常的な行動として位置づけることが重要だと思います。学生たちも経験するとその重要性をわかってくるんですが、新学期が来て新しいゼミになって最初に言う時は、いつも怪訝な顔をされます。だから、心が折れそうになっていたんですが、大西さんのお話でやっぱり重要だと思い返し自信が戻ってきました。

大西　確かにその時も、選手たちからは大ブーイングでしたね。彼らからすれば、そんなことマネージャーがやってくれればいいのに、という感覚です。でも、そういう日常の意識改革が重要なんです。どう打つ、どう投げる、どう走る、といった野球のプレーに関わるスキルだけでなく、状況判断ができる、つまり戦術として自分でどういう判断をすればどうなっていくかというイメージができることがとても大事です。イメージできない人は打てないし、よいプレーはできません。野球やスポーツにはヒューマンスキルが求められてきます。

ただし、「イメージできること」と「イメージしたことを実行できること」とはまた少しレベルが違います。とはいえ、まずイメージができない選手は社会人のレベルでは通用しない。だから採用しないというポリシーで監督をやっていました。企業スポーツなので、勝つことを求められているからです。

そういう意味では、野球の技術以上に、ものの見方や考え方、想像すること、先を見通せる、というような能力が高いことが、野球には必要だと思いました。

これらはビジネスで言うと、すべてコンセプチュアルスキル（概念化能力）に含まれるものなんですよね。だから結局、野球界でもよい選手で、ビジネスの現場でも活躍できている人って、そういうことがうまくできている人です。

八重樫　大西さんがおっしゃるところで、「イメージできること」と「イメージしたことを実行できること」の結びつけが非常に重要かと思います。

特にスポーツでは、大西さんがおっしゃるように、イメージできることがとても大事だと思いますが、それを実際にできないといけないはずです。例えば、ホームランを打つイメージがあったとしても、実際にバットを振って球に当てないといけないわけですよね。そういう実行力とイメージが伴わないといけないところがあると思うんですね。

それはデザインも同じで、デザインの考え方がビジネスに持ち込まれる時に、想像力や企画力という側面がすごく注目されるんですけど、実際にできるかどうかということがだいぶおざなりになっているような気がします。だから、たくさんアイデアを出すといったアイデア開発の部分に、デザイン思考が役に立つという話になってしまっている。

実際に現場から、デザイン思考によってたくさんアイデアは出るんだけど、それらが組織のなかでうまくかたちにならないという不満が多く聞かれます。そうすると、ビジネスでデザイン（思考）は役に立たない、という考えに帰着してしまうことを、僕はとても恐れています。

スポーツと同じように、デザインも「イメージをする」ことが大切なことで、かつ特徴的なことだと思います。でも、そのイメージは実現されないと、かたちにならないと、デザインされたことにならないと思います。

デザインの視点から企業のイノベーションを促進するための助言を求められることが多いんですけど、ほとんどの企業はたくさんのアイデアを生み出す方法ばかりを求めていて、アイデアを実現する現場での調整や意思決定ができていません。それがイノベーションを阻む最大の要因であることにあまり気づいていない。デザイン思考の方法論で、仮に斬新なたくさんのアイデアが出てきたとしても、つまり「イメージをする」ことができたとしても、そのイメージに実行力が伴わないとダメなんですよね。

だから、スポーツやデザインから得られる示唆は、自分でパフォーマンスを発揮しなければならないことを前提にしたイメージ力の重要性なんじゃないかと思います。

大西　プレーのパフォーマンス、つまりスキル開発については数をこなすしかしかない。練習して失敗を繰り返すしかないんです。何度も何度も試してみて、できるイメージをつくっていく。デザインで言うと、プロトタイプ的なところだと思います。

スポーツの場合は、こういう場面ではこのように動くべきだ、というある程度のセオリーはあります。基本的にそういうセオリーを無視はしません。例えば、右バッターだったらランナーの走る方向の後ろに打つ。ライト（右）方向にヒッティングするということです。でも、ピッチャーはそうさせないために、インコース（バッターの体側）に投げてきたりします。

もしくはインコースを見せて、次に外側に曲がるようなボールを投げてくる。そうするとバッターは体が泳いでしまい、ショートゴロやサードゴロになってダブルプレーになってしまう。そうならないためにバッターは、どうやったら右方向に打てるかのイメージを自分で持たなければならない。来る球がインコースであろうがアウトコースであろうが、バットの角度は絶対にライト側に向くという状態を、自分の身体でつくらなければいけないんですね。

単純にイメージだけつくっていても、ライトにはボールを打てないんで、どんなボールが来ても絶対にライト側に打てる体勢を身体に覚え込ませなきゃならない。そうした時に実際にどうやったらその状態をつくれるのか。それは練習でとことんやり抜いていくしかないんです。

デザイナーさんの場合だと、デッサンなどを描きまくるとか、考えまくるとか、「しまくる」という行為があり、そのうえでイメージを持った時に、それができる確率を高くしてくれるということだと思います。

八重樫「しまくる」という感覚は確かに重要ですね。ただ、デッサンの場合、枚数を描きまくるというのも確かに有用なのかもしれませんが、同じモチーフ（デッサンの対象物）を何時間も、何十時間も、何日も、時には何ヶ月間も見続ける（見まくる）ということが、後に大きく効いてくる経験だと思います。
ずっと同じモノを見ていると、いろいろ見えてくるんです。それは神秘的な発見じゃなくて、そのモノとまわりの関係です。何時間も見ていると、光があたる角度や、部屋の温度や湿度が変わってくるので、そのモノの見え方も変わってくる。さらに自分の心身の状態も変わってくると、モノの見え方が変わるんです。モノがどのようにあるかということは、見る者、見られるモノ、その場の状況という関係で成立する。これがデッサンを通した経験で最もよく理解できることであり、一番大きな収穫なんじゃないかと思っています。

これは、先ほどの上司への提案の問題についての示唆でもあると思います。大西さんがおっしゃったように、一度ダメでもこだわりを持って何度でも向かうべきだ、ということの理論的補強にもなります。「モノがどのようにあるかということは、見る者、見られるモノ、その場の状況という関係で成立する」ということに照らせば、同じ提案でもそのタイミングによって判断評価される側面が変わるということです。上司の気分や体調だったり、上司が直前に出ていた会議で話し合われたことの影響だったり、立ち会った人の構成だったりで、モノの見え方自体が変わるので当然その評価も変わる。だから、時を変えて何度も望むほうがいいんです。

大西　イメージはできても、当然ながら自分の持つスキルでそのイメージ通りに実行できないことがあります。元ヤクルトの古田選手がプロになりたての時はまさしくそんな感じではないかとテレビで観ていて私なりに分析していました。彼はコンセプチュアルスキルが高く、たくさんのことをイメージできる。でも、自分のプレーに満足していない様子が伺えました。だから、野村監督（故人・当時の監督）が要求していることのイメージと古田選手のイメージとスキルが一致していない。できると思って野村監督は要求する。でも、できない。そのジレンマを彼は抱えているように見えていました。

これは、あくまでも私の推論です。

でもそこで自分の選択肢に、野村監督の示す選択肢を足して、それを彼はできるように練習に励んだ。イメージとできることを増やしていったのが、後の活躍につながったのではないかと、成長という視点から感じている次第です。
ただし、現実にできることの選択肢が増えてくると、どこに絞っていくか、一点集中でどこに持っていくかということが、すごく重要になります。戦略的な意思決定の問題になります。

4-2-4　リーダーシップは、多様性があり、その人らしさにおける自己表現でもある

八重樫　「リーダーシップは、多様性があり、その人らしさにおける自己表現でもある」というのが４つめです。
これまでの話で、「その人らしさ」や「自己表現」の重要性は見えてきたと思いますが、なぜそれがリーダーシップとして機能するのかについてはまだ明らかではないように思います。

大西　起業した時に、自分の価値観や信念に照らし合わせてやっていくことが、会社の方向づけになりうることを強く意識しました。やはり、他にはない唯一無二の考え方が、人を惹きつけ導くのではないかと思うのです。
私は、ビジネスでもスポーツでも、その本人以外に他の人が持っていない要素が強みとなり影響力となるのだと思っています。その影響力がリーダーシップと呼べるものじゃないかと思うんです。鍋（料理）をつくったとして、みんなこだわりが違う。いろんな味や具材やつくり方がありますよね。たとえ同じ種類の商品を扱ったビジネスだとしても、その会社のこだわりはぜんぜん違うものになっ

てくるんじゃないかと思います。そのこだわりが個性であり、そのこだわりに人は惹きつけられるので、リーダーシップの原要素となる、ということです。

一人ひとりの個性はみんな違う。多様である。だからリーダーシップのあり方自体も多様である、と考えています。それを受け入れずして、巷にあるリーダーシップの理論フレームワークに照らし合わせて、ひとつのリーダーシップスタイルを演じてしまうことには大きな違和感があります。私も大学院で組織行動学やリーダーシップを専攻して研究したので、フレームワークや理論化の重要性は理解していますが、それをそのまま自分のこだわりも何もなしに自分の組織やビジネスに適用するのは、どうも他人の褌で相撲をとっているような感じがするんです。

だからやっぱり、自分の個性が他者を惹きつけ、それで他者を含めた自分自身をも導いていくということになるんじゃないかと思います。誰にも個性がある、多様性がある、というのは人間の本質でしょう。それが大人になると同質化してしまう。たぶん同質化しているのは表面的なだけなので、もともとの個性や多様性は失われたわけではないと思っています。

八重樫　「その人らしさ」「自己表現」というと、どうやらみなさんとても重く考えてしまうようです。「自分らしさってどうすれば見つかりますか?」ということをよく聞かれるんですが、それは探して見つかるものではない、と思います。

僕は勝手に「探しものは何ですか問題」と呼んでいるんですが、「探す」という行為はそもそも「自分の外にすでにある」ことを前提にしている。でも、「自分らしさ」はそうではないと思うんです。

だから自分らしさは「探す」ものではない。

じゃあ、どうすればいいの？となりますが、前提にすべきは「自分の内にすでにある」ということだと思います。それを、他者やまわりの環境との関係のなかで「育てていく」ことなんじゃないかと思うんです。

最近イノベーションの話の文脈のなかで、「0→1を生み出す」というような言い方がよくされ、そこにデザイン思考が大きな力を発揮すると言われる論調が目立ちますが、僕はそれも何か違うと思っています。

まったくないものを唸って生み出すのではなくて、自分だけが感じる、他の誰も気づかないような小さな気配を、人に届くようなかたちに「育てていく」のがデザインなんじゃないかと思います。この「自分だけが感じる、他の誰も気づかないような小さな気配」が「その人らしさ」ではないかと。そしてそれを育てていくことが「自己表現」になる。

そうすると、自分が感じていることにいかに敏感であるか、が問われることになります。じっと目を凝らして、耳をすませて、肌の感度を上げて、匂いを察知して、味覚を研ぎ澄ますというような、自分の感覚に敏感になることがスタート地点じゃないかと思います。

また、こういう話をしていくと、「わかりました。自分の外を探すんじゃなくて、自分がまだ気づいていない内を探すんですね」とおっしゃられる方も多いんですが、外も内もやっぱり「探す」んじゃないですね。自分が世界をどのように捉えているのか、という「自分なりの世界の解釈のしかた」が自分らしさだと思うので、自分の感覚フィルタを通して感じることをより研ぎ澄ましていくこと、になるのではないかと思うんです。

そのほんの小さなことに気づく敏感で繊細な態度が育てられることによって、多くの他者を惹きつけ、社会を大きく動かす原動力になっていくんだと思っています。

だから、ここで言うようにリーダーシップがその人らしさにおける自己表現であるなら、リーダーシップも何らかのかたち（フレームワーク）を外に探して得るものではなく、個人の敏感で繊細な態度から始まるものという考えになるかと思います。

4-2-5　リーダーシップの力は、単に個人の能力やスキルだけによるものではない

八重樫　ここまで個人の能力やスキルに焦点を当ててきましたが、リーダーシップはそれだけではない、と言った時に、どういう力がどこにどのように働くのか、大西さんはどうお考えでしょうか？

大西　これは「見えざる力」が動くような、感覚的なところで捉えています。ビジネスの言葉でいうと、「腹落ち」や「納得」ということでしょうかね。

ホンダの時に経験した事例を挙げてみます。ホンダのグローバル戦略は地域ごとに実行されていました。地域軸でものごとを考え実行する組織運営体制のなかで、日本の人事が仕切ってグローバルの人事メンバーたちを集め、ある提案をしました。それが大失敗で、海外の人事のトップクラスが日本の人事に対して「一緒に仕事をやれるか！」というように険悪になったんです。

ホンダはグローバルに地域とつながる戦略を打ち出しているのに、人事の人間がつながれないと、グローバルに人的ネットワークをつなげられないことになってしまいます。そこで、再びグローバルに人事部署をつなげるコミッティを立ち上げる仕事が私のところに来ました。

その時の本社人事担当役員から「過去にはいろいろあって頓挫したんだから、気をつけろ。今度失敗したら、日本の人事担当は世界他地域から相手にされなくなる、それは避けたい。」と言われ、責任重大でどうしようかと。

八重樫　それは重いですね。どうしたんですか?

大西　みんなを日本に集めて、みんなで飲んで騒いだら、みんな仲良くなってプロジェクトをスタートすることを承認してくれました(笑)。リーダーシップのスキルとか能力という話ではぜんぜんないんです・・・。

私はそこで素直に自分をさらけ出して、自分自身はこうやっていきたいと思っている、でも英語もろくにできないし、人事の能力はみんなのほうがはるかに高いので、同じホンダの仲間だったらどうか力を貸してくれないか、ということを言ったらみんな動いてくれたんです。

他にも、タイの研究所で人事の問題があった時の例を挙げてみましょう。タイに駐在していた日本人は、タイのコーヒーがまずいと言って、勝手に自分たちで買ってくるんです。タイにはメイドさんがいるんですが、メイドさんが入れるコーヒーを日本人がまずいと言って飲まない。そういう日常の繰り返しが現地で日本人への不信感を組織的に生んでいたんです。

私も何度かタイに出張に行って、なんでこんなに現地の人と日本人が離れているのか不思議でした。打ち合わせの時によく見てみると、日本人のテーブルの上にはみんなスタバのカップが置いてある。でもタイ人のメンバーは、メイドさんがつくったコーヒーを飲んでいる。

なんで日本人はみなスタバのコーヒーを飲んでいるんですか?と聞いたら、だってタイのコーヒーはまずいから、という答えが返ってきます。そのコーヒーを入れてくれる人を、会社つまりあなたが雇ってるんじゃないんですか?という根本的な想像力がそこには働いていないんですね。

これを想像力や観察力と言ってしまうと大げさだし、能力の話になってしまうので違うんですが、ただ素直にそういう状況に気づくかどうかなんだと思います。これをリーダーシップの影響力としてみた時に、スキルでも能力でもなんでもないんだけど、リスペクトするとか、コモンセンスを身につけているとか、相手の立場に立って共感するとか、ということになるでしょう。

ホンダのリーダーシップにおいて教えられる逸話なんですけど、本田宗一郎氏がアメリカに行って、オハイオでパーティーをやろうとした。そこで本田宗一郎氏が何をやったかというと、自分が本来の主賓なんだけど、お店の従業員の服を借りてその店の人として、他のゲストに対してワインをついで回ったんです。そういうことができる人が本田宗一郎氏なんですね。

だからホンダでは、特に徹底してこういうコモンセンス、つまり人間的な気持ちを大切にする、ということをすごく言われました。しようもない話なんですけど、ごちそうさまを言うとか、食堂のおばちゃんにいつもありがとうと言うとか、そういうことです。

八重樫　以前に、中高生向けに研究紹介をするＷｅｂサイトの原稿依頼があって、そこでオススメの本を紹介せよということで、ある書籍を挙げました。

それは『竜退治の騎士になる方法』[3]という本で、小学生が竜退治の騎士に出会って、どうしたら騎士になれるのかを聞く話なんですけど、まずその竜退治の騎士が、関西弁でしゃべって別に騎士の格好も何もしていない、というところから始まります。

そこで主人公の男の子がそんなの騎士じゃないって言うんですが、騎士は「なんで関西弁じゃあかんねん」「なんでみんなが思い浮かべる騎士の格好をしてないとあかんねん」って言う。さらに、竜退治の騎士になるためにまず何をすればよいかという問いには、「トイレのスリッパを次の人が使いやすいようにちゃんと揃えること」と答えるんです。

竜っていうのは人の邪悪な気持ちが具現化した姿なので、まず日常の邪悪さを取り除いていかないと、竜は退治できないっていう話です。

僕は、この話はデザインにとても通じるものだと思っています。デザインとは、いきなりかっこいい何かをつくろうとするようなものじゃぜんぜんない。それこそ、デザインは意味づけの話なので、日常的に自分が何をしているのかということに対して、ひとつずつちゃんと意味づけをしていかないと、モノはつくれないし、そもそもモノを発想できない。

大西さんのおっしゃったような、コモンセンスやごちそうさまを言うことなんかは、それと同じことだと思います。そこでなぜ、「ごちそうさまを言うのか」ということにどんな意味づけをするのかが問われていて、このリーダーシップとデザインがつながる話でとても重要なところだと思います。

ここで「意味づけ」という表現がわかりづらければ、「その行為の先に起こることへの想像力」と言い換えてもよいかと思います。スリッパを揃えると次にどんなことが起こり、そこで起こることの次にまたどんなことが起こっていくか、という連鎖の想像力です。風が吹けば桶屋が儲かる、ってやつですね。

だから、食堂のおばちゃんにごちそうさまって言うのは、単に自己満足やおばちゃんによく思われたいという気持ちではなくて、その行為が連鎖してどういう環境を創り出していくのか、そう考えていけばリーダーシップとデザインにつながる話として理解されやすくなるのではないでしょうか。

大西　仕事がうまくいかなかったり、壁にぶつかった時に、ホンダではチームメンバーに5S（整理・整頓・清掃・清潔・躾）という整理整頓活動を課していました。仕事で困ったら、まったく仕事と違うことをやれ、ということですね。まず、なんかうまくいかないと思った時には、「5S！5S！」と言って、30分間身の回りを徹底的にきれいにします。

一般的に、何か新しいことをやっていこうとする時には、きっとどうやればよいかばかり考えると思います。でも、まず目に入るものを変えようとか、身の回りを整理整頓することによって、頭の中も整理整頓させようとすることも重要なんです。むしろ、こちらのほうが重要かもしれない。

今でもそうです。うまくいっていない時は、まず「構え」に立ち返る。マインドセットを変えるという意味でも、よくやります。

八重樫　この話に関連して、今僕は「中動態」という概念に注目しています[4]。もともとは文法上の定義で、「能動態」「受動態」と同列の態のことなんですが、今はほとんど失われてしまっています。

僕たちは今、話したり書いたりする時には、主に「能動態」と「受動態」の2つを使っています。言い方を変えると、この2つの態に、僕たちの思考や行動を当てはめて言葉にしている。

能動態は、自分以外の誰かや何かに対して影響を与える言い方です。一方で、受動態は、誰かや何かから自分に影響が与えられる場合の言い方です。どちらも誰（何）が誰（何）に対して、与える／与えられるという関係が明確なんですね。

逆に言うと、僕らは「能動態」と「受動態」というルールの上で、与える／与えられるという関係を常に明確にしながら世界を描き出しているわけです。でも、実際には、与える／与えられるという関係はそんなに明確ではないはずです。何の影響を受けて、今このように考え行動しているのか、逆に僕のどんな発言や言葉遣いが、どこにどのように影響したのか。

自分の行動が環境に影響を与え、ブーメランのように自分に返ってきて、自分に影響を与えていることだってあるはずです。または、自分に影響を与え、確実に自分は何かによって動かされているのだけど、その影響元は明確ではない。大西さんの5Sのたとえ話はこのような側面を持っていると思います。

この「能動態」と「受動態」では表せない影響関係を表現する態が、「中動態」です。今の日本語では失われてしまっていますが、その名残りはいろいろな言い方に残っていると言われています。僕は北海道出身なんですが、方言のなかに「〜さる」という言い方があります。

例えば、「押さる」とか「書かさる」「行かさる」などのような言い方をします。ボタンが押さささる、と言った場合は、意図せずに自然とボタンを押してしまったという意味です。うまく書かさる、と言うと、僕がこの原稿がうまく書けた（単に、書くことができたというニュアンスでなく、ひとりでに筆が走ったという意味合いが強い）という意味になります。

否定形でも考えられます。「行かさらない」という場合は、どうしても足が向かない、という意味になります。「行きたくない」に近い気持ちですが、明確にその理由があるんじゃなくて、何か自分をそこに向かわせないモヤモヤした正体不明な気持ちがあって行けない、というニュアンスです。これらが正確に「中動態」の名残りかどうかはわかりませんが、「中動態的」な例として捉えられると思います。

僕がこの「中動態的」な概念に注目しているのは、大西さんの5Sのたとえ話に表れているように、リーダーシップを誰かから誰かという明確に決まった関係性にのみ固定化されたものではなく、「中動態的」に捉えれば、明確ではない何かに影響されるとか、気づかないうちにしてしまっている、という状況で生起するものと考え、表現できる可能性が拡がるためです。

大西　また、当時のホンダのオフィスでは、机の上に書類を積んではダメでした。出したものは、全部元の位置に戻さなければならない。席を離れる時にテーブルの上に何か残してはダメだった。そう躾けられるんです。この十数年間で私はいろんな会社に行きましたが、そんなことを実行している会社はひとつもありませんでした。これがホンダの原点で、ホンダの強さであることを改めて実感したような気がしています。

ある会社に行ってエレベーターに乗ると、必ず社員が「何階ですか」と聞いてきます。そして行き先ボタンを押してくれる。お手洗いには、お客さん用のお手拭きが置いてあり、社員は自分がお手洗いに行った際には必ずそのお手拭きや周りを整頓し直します。そういうことをきっちりできている会社は、仕事やリーダーシップをきちんと良い意味で大切にしていることが窺えます。つまり、社員は知らない間にリーダーシップを学び身につけている、ということです。

この会社の人事を担当してきた知り合いは、新入社員研修で、3人の煉瓦工のイソップ物語のはなしを徹底的にして、仕事とは？働くとは？を伝えていくんです。他の会社ではこういうことをしていない。長く続く会社のひとつのものの見方・考え方なんだと思います。この会社は100年続く企業です。

このように、リーダーシップを考える時には、デザイナーの態度に限らず、アスリートも、もしかしたらホンダも、また他で仕事ができる人のとっている行動指針の共通点を見る必要があると思います。

八重樫　そうですね、重要なのは、「人として」ということだと思います。それが、企業や組織となった時に、その論理が、個人での「人として」と考えることといかに距離があるのかが、現代的な課題なんだと思います。その距離感に、リーダーシップがどのように貢献できるのか考えていきたいですね。

4-2-6　リーダーシップは、チームメンバー間のコミュニケーションや人間関係の質をよくすることで生まれてくる

八重樫　6つめが、「リーダーシップは、チームメンバー間のコミュニケーションや人間関係の質をよくすることで生まれてくる」ですね。

これまでの野球を例にした話のなかで、個人の得意なところ、他人より秀でているところのようなポジティブな態度を捉えてきたと思うんですが、これまでの大西さんの話でもうひとつの見方として重要なのは、他人より劣っているところを素直にさらけ出すというような、どちらかというと個人としてはネガティブに捉えられるような態度を、リーダーシップに活かしていくことなのかなと思います。

人間関係の質をよくするということにおいても、「楽しくやる」「楽しい雰囲気をつくる」、つまりそうやると楽に何かができるようになる、という視点が重要なんだと思います。

どうしても、組織としてのあるべき姿や、向かう方向を検討しようとすると、みんな構えてしまって、辛く重たいイメージで捉え、何だか大変な方向を選択しようとしてしまう。そこに「楽しさ」や「そんなにかたく頑張りすぎない姿勢」をいかに入れていくのかが、鍵になってくるように思います。

デザイン態度を調べていても、「楽観的」という態度、つまり「なんとかなるべ」という気の持ち

ようがデザインに重要なことが示されています。いかに自分が楽しめるか、そこに入って手がけていくと楽しくやっていけるか、ということを優先して考える態度がデザインには特徴的に表れています。

そのへんは、スポーツや野球でも当然ながら同じですよね？

大西　そうですね。それは、スポーツ自体の本来のことばの意味（気晴らし、遊び、楽しみ、休養）でもあると思います。

スポーツの視点でビジネスを見た時に、例えば野球で言うと、プロ野球で見ても優勝するチームは勝率5割です。10回やれば5勝5敗ということですね。バッターの打率で言うと、イチローですら4割打てていない。つまり3割ということは、10打席で7回はアウトになるということです。

ここで7回のアウトにフォーカスするよりも、3回打つためにどうすればよいかという、よりポジティブな方向に考えをシフトさせると、新たなやり方に挑戦してみるとか、いかに気分を変えて試してみるかのような、少ない確率にどう気持ちを持っていけるかということが重要になります。研修でもよくたとえ話に出すんですけれども、野球ではけっこう、「ナイスプレー！」や「ドンマイ！」ような、気持ちを前に持っていくことばかけが多いんです。

でも、ビジネスでは、3割どころか、ユニクロの柳井さんが『1勝99敗』と書いているように、野球より確率が低いところで勝負をしていかなければならない。そこで思うのは、イノベーティブなことをやったり市場を開拓していく場合に、なぜビジネスリーダーはポジティブな感情を前に出して、みなが前向きに楽しくやれる場をつくれないのか、ということです。

ホンダの行動指針に、「仕事を愛し、コミュニケーションを大切にすること」というのがあって、それが英語になると「Enjoy your work〜」なんですよね。このenjoyが日本語になると変わってしまうんですけど、「楽しむ」という感覚が非常に大事なんじゃないかと思います。

八重樫　「人間関係の質」ということについて、もう少し詳しく伺えますか?

大西　人間関係の質を高めるために必要だと思うことのひとつは、他者のミスを受け入れること、うまくいかないことに共感することです。その重要性をやはりみな改めて認識するべきだと思います。スポーツでももちろんですが、ビジネス一般で言っても、目の前で他者がうまくできないことに対して、目くじらを立ててああだこうだ教え込んだり、すぐに結果を求めてしまっている状況をどうにか止めたいと思っています。結果ばかり急いで求めずに、プロセスを見てあげたり、待ってあげたりする、それが人間関係の質を高めることにつながるのではないでしょうか。

これは私自身の課題でもあります。こういう仕事をしているので、人間関係づくりがうまそうなイメージを持たれるのですが、自分ではいつもあまりうまくいかず悩むことのほうが多いです。特に「見てあげたり、待ってあげたりする」というのはとても難しいことです。

自分が思いついたことをぱっと言っちゃうんですよね。でもその反省に立って言わせていただくと、「こうあるべきだ」と自分が思っていることを相手にも当てはめようとしてしまうことが、最もダメなことです。これは自分のこれまでの失敗から明らかです。その人のあり方をありのまま認めて活かす、ということが非常に重要だと思います。

ホンダの時に、親御さんが病気で休職せざるをえなくなった社員がいました。入社3年目くらいだったと思います。本人は休職したくなかったんですが、親御さんがレストランをやっていて手伝わなければならなくなってしまった。

この話を聞いた、当時の私の上司だった人事部長の受容力がすごかったんです。本人は仕事を続けたいという自分の思いを部長に訴えていくんですけど、部長はそれに対して肯定も否定もしない。でも、今家に帰って親を助けることが親子の関係性の質を高めていく、それが人との関係を大事にすることだとだけ言うんです。こう言うことが、部長自身も人との関係を大事にしている、ということの表現になっているんですね。そしてたぶん、人との関係を大事にすることが、ビジネスの基本であり、ホンダの考え方の基本でもあるということを伝えている。

自分にも相手にもしっかり折り合いをつけていく、ということなんだと思います。自分から相手にリクエストしてリクエストしてリクエストして、相手を苦しめるのではなく、今可能な範疇のなかで何ができるかを考えて、自分も相手も納得できるところを探っていく。自分が求めるだけではなく、また求められるだけでもないところが重要なんだと思います。

八重樫　デザインでは、不確実性や曖昧性を受け入れる態度が特徴的です。その場で性急に判断せず、状況をよく見る、ということの表れです。大西さんが先ほど「折り合いをつける」と言われた表現も、実はこれに近い感覚ではないかと思います。

デザインは当然かたちに落とす行為なので、その場その場でかたちにしてまとめていくんですが、関わる人の気持ちがその時々で変化することを前提にして、最終局面までその場その場で折り合いをつけながら、流動的に進めていくというのがデザイン特有のものの進め方じゃないかと思っています。

今思いついたことが、その時その場での合意や課題解決に直接貢献するものではないんだけど、この先みんなが思っている方向に進まなかった時に役に立つかもしれない、といろいろストックしてしまっておくのが、デザイン的な態度のひとつです。

だから、デザイナーはみんなが壁に当たってしまっている時に、それを乗り越えるようなアイデアをさっと出しているかのように見えますが、実はそうではないんです。みんなが前に考えたものだけど目先の判断で捨ててしまっていたり、プロセスのなかで出てきたけどその時の方向性には適合していなかったのでみんなが目を向けていなかったりしたものを、呼び戻して再提示しているだけだったりします。

でも、「今は役に立たないかもしれないけれども、きっとこの先何かの役に立つかもしれない」というこの感覚[5]はとても大事だと思います。

大西　一方で、ビジネスで一般的にとられているのがマネジメント態度で、その時々で即時に判断して処理していくモードなのではないかと思います。机の上に「未決」や「決済」の箱があって、どんどん稟議書に判を押して処理していくイメージです。こういう処理モードが、ビジネスでの人間関係にも反映されてしまっているのではないかと思うんですよ。

会社で働いていると、日常の業務処理に追われて、この処理モードが知らずしらずに日常行為のなかに習慣化されているのかもしれません。そうすると管理職は、すぐに結論づけて部下を動かさないといけないと思ってしまう。そういう立場でやっていくと、求められるのは人間関係の質ではなく、アウトプットの質になってしまいます。

社会や経済状況が安定していれば、アウトプットの質を求めれば高い成果が得られるのかもしれませんが、実際にこれだけ不確実で曖昧な環境下でそれでは対応できないことは、もうみなさん十分におわかりだと思います。

そこでデザイン態度で言われるように、「うーん、この状況どうすっか?」「とりあえずやってみっか?」というようなやりとりを繰り返して、いろいろなモノゴトと自分たちとの距離感をはかりながら、最もよいモノややり方を生み出していこうというような心構えが必要なんだと思います。

最近妻に「お父さん、めっちゃ気が長くなったね」と言われて、自分でも驚きました。確かに、思い返せば、前は問題が起こった時に、すぐに白黒はっきりつけようとしていたかもしれません。日常でも処理モードが染み付いていて、そうしていたんでしょうね。でも、すぐに白黒はっきりつけないで、問題と時間をかけて向き合い、時にその問題から離れて別のことを考えてまた戻ってきたりすると、ぜんぜん別の観点から問題を捉えることができたり、そもそも問題が問題じゃなくなっていたりします。相手がいる話だと、すぐに自分の考えを押し付けた結論を出さないので、相手の話をよく聞き、リスペクトした行動にもつながります。

八重樫　そうですね。簡単に白黒つけない、というのがポイントかと思います。さっき、デッサンの話を少ししましたが、鉛筆や木炭でのデッサンは白から黒への階調でモチーフを表現します。この階調表現、つまりグラデーションをどのように表すのかがすごく重要になってきます。だから、デッサンをすると白と黒の間にどれだけの階調がありうるのか、ということをよく理解できるんで、簡単にモノゴトを白黒つけて割り切れなくなるんじゃないかと。

マネジメント態度という言い方は、英語では Decision Attitude とも表現されるものです。意思決定の態度ですね。だから、何かを決めなければならないということが前提にあります。今決めることを前提に進んでしまう。でもそこでは、今決めなくてもいいんじゃないか、そんなにはっきり決められることじゃないんじゃないか、決める方法は別にあるんじゃないか、などのようなそもそもの疑問はあらかじめ排除されています。この「そもそも」というモノゴトの根源を批判的に検討することなしに、デザインはできないんです。

大西　私にはホンダで同期が3人いました。そのひとりは、すごくロジカルでした。役員に提案を持っていって指摘されたことに対して、次の提案までにひたすらそれを説き伏せるロジックを構築しようとするんです。

もうひとりは、ひたすら志と思いを語る人でした。3人目が私で、私は役員から「大西は、金曜の午後、気を許しているタイミングで提案を持ってくる」と言われていました。私は自分がよいと思ったものをつくってその提案が受け入れられないと、中身を変えるのではなく時機をずらしたりして、受け入れられるタイミングをつくって自分の提案を通していました。

3人ともやり方はぜんぜん違うんですが、あくまで強固に自分のよいと思った提案を通そうとする姿勢は共通していました。

自分はやっぱり、野球の経験が強く影響しているんだと思うのですが、ピッチャーとバッターの関係で言うと、回を重ねるごとにお互いに見え方が変わってくるんで、いつでも同じやり方は通用しないことをよく知っています。うまくいったことが次回は通用しないし、逆に言うと今回うまくいかなかったやり方が次回にはうまくいくこともありうる。

モノゴトの判断なんて相対的なものですよね。だから部下には、通らなかった提案やプレゼンに対して、細かく修正のアドバイスが欲しいと言われても、少し置いてみて役員が暇そうな時にもう一回そのまま持っていけ、とよく言っていました・・・。でも、それも一方的に自分の都合で考えを押し付けるんじゃなく、相手の立場に立って適切なタイミングでアプローチするという、基本的な人間関係の質を重視するスタンスだと思うんです。役員だって、疲れていたり機嫌がよくない時に、暑苦しい面倒な提案を持ってこられても聞きたくないし答えたくないですよね。

4–2–7　リーダーシップを発揮すること、生み出すことを通して、リーダーシップの種が周囲にまかれていく

八重樫　最後の7つ目ですね。これは進行形の話だと思うんです。常に、発揮すること、生み出す

こと。これまでに取り上げた1から6は、「リーダーシップとは?」や、それを自分がどう発揮するのか、ということについて述べられていたと思います。

一方で、自分がリーダーシップを発揮することが他者のリーダーシップを生み出していくとか、または今自分と同時代に生きている人だけじゃなくて、次の世代のリーダーシップを生み出していくっていう、ある意味時間や空間を超越した話が、リーダーシップの定義自体に含まれることはとても重要なことだと思います。

現在の自分が生きている環境での関係まではまだ目がいくかもしれない。けれども、次の世代や未来の社会で働く人たちに対して、スポーツで言うと次の代のチームに対して、どう自分が影響するのかまで考えられるか、が問われているのだと思います。

先ほど大西さんから、野球の打席での4番の起用法の話で、5番6番といった後続に影響するような戦略的な話がありましたが、もう少し時間軸を長く設定した時、つまり次の世代のチームへの影響や貢献などについて、何か具体的なご自身のエピソードは思いつきますか?

大西　そうですね、自分の自慢話みたくなっちゃうんですけど…。

ある時に、以前に私の下で働いていたあるメンバーから、大西さんの元部下がけっこうな確率でみんな管理職になっている、と伝えられたことがありました。

また、法政大学の野球部の監督、ホンダの野球部の監督、ゼネラルマネージャーが、みんな教え子なんですね。教え子って言ってしまうと、僕が育てたみたいになってしまうんですが、そうではなくて、メンタルトレーニングのようなことや、食事をしっかりとってやっていこうというような改革など、チームのなかで何かを変えていこうとすることを何年か一緒に行った仲間ですね。彼らはその経験によって、組織を変えていくべきことの理解や、私の思いのＤＮＡ的なことを引き継いでいるんだと思います。

他にも、コンサルとしてひとつのクライアントで長くディスカッションをしていると、クライアントの人たちが自分と同じことばを使っていくんですよね。それがクライアント組織の共通言語にもなっていきます。そういう影響をリーダーシップとして捉え、私が発揮して彼らと一緒に共創するなかで、何らかの成果なり、何かのアウトプットを共有する経験から、次のリーダー、リーダーシップを発揮する人につながっていく、というイメージなのかなと思っています。

さらに先ほど述べたような、組織のなかであっても個人を個人らしくする、という小杉先生のイズムが浸透して、いろいろなところで成果が挙げられています。

例えば、熊谷組の野球部の監督だった清水隆一さんは都市対抗野球でチームを準優勝させました。現在は北海道ガスの野球部の監督です。北海道ガスでも創部初めて都市対抗野球に出場させました。

東京ガスの阿久根謙司さんは、東京ガスの野球部の監督の後、社業に専念、ＪリーグのＦＣ東京としてリーダーシップを発揮しました、その時チームはＪ２に落ちていたんですが、彼がＪ１に上げてきて、天皇杯では優勝したんですよ。そこで共通しているのが、小杉先生のイズムなんです。私たちは、自分の置かれているそれぞれの立場で実行していた。それは小杉先生のリーダーシップがわれわれに影響を与え、それを実践した、ということです。

私は、他のスポーツと比べてもビジネスによく似ているのが野球だと思っています。先ほど言ったように、野球は個人とチームという2つの側面の相互作用として捉えられる色が濃いスポーツだからです。野球なら、3人ランナーが塁に出ている時に、バッターの一振りで3、4点とれる可能性があります。また、塁に出た結果もいろいろです。自打の成果かもしれないし、相手の失策やラッキーな状況の結果かもしれない。これを戦略や戦術を組み合わせて、得点の確率を上げていくんです。

私は野球のプレーヤーと監督で培った経験を今ビジネスのリーダーシップに活かしています。小杉先生イズムを一緒に継承した清水さん、阿久根さんもそうです。このように、実践するフィールドが変わっても発揮されるリーダーシップというものの中身を突き詰めていきたいし、実際にこれを引き継いで、また違うフィールドに展開するリーダーシップを発揮する人に繋いでいきたいと考えています。

八重樫　デザインもそうだし、スポーツはまさにそうだと思うんですけど、こんな選手になりたいとか、こんなデザインをしたいとかいうあこがれが先に立っているんじゃないかと思います。リーダーシップの言葉遣いで言うと、リーダーシップよりもフォロワーシップが先行している状態がそこにあるんじゃないか。

だから、「リーダーシップの種が周囲にまかれていく」というのも字義通りに、リーダーシップを発揮できる人が増えていく、増やしていくようなことはもちろん必要ですが、もっとこんなリーダーシップもありうるとか、自分だったらこんなふうにしたいとか、こんなリーダーシップのあり方にあこがれる、と言ったようなリーダーシップを多次元で議論できる環境づくりを進めるニュアンスもあると思います。

でも、「あこがれ」ってだいたい誤解で成り立っていますよね。こんな選手になりたい、とあこがれると、たぶんそのあこがれの選手のよい側面ばかりを積極的に見て自分に取り込もうとするんじゃないかと思います。その過程でかなり自分に都合のよい拡大解釈をしているでしょう。この拡大解釈を誤解と言ったわけですが、この誤解が非常にフォロワーシップに重要なことだと思うんです。

リーダーから発せられた意図をフォロワーが正確に理解するのが、リーダーシップの正しい図式と捉えてしてしまうと、この「誤解」の効果を見落としてしまいます。よいコミュニケーションが成立するのは、常に発信者が発したメッセージよりも、解釈者が多くのメッセージを受け取る、または勝手に自分に有用な内容として解釈して受け取る時です。リーダーシップもこれに当てはまるんじゃないかと。

リーダーが発したメッセージをフォロワーが十分に受け取るのが、リーダーシップが十全に発揮された姿ではなくて、リーダーが発したメッセージよりも多くのメッセージを、フォロワーが「勝手に」解釈した時に、リーダーシップが十全に発揮される。そうすると、よいリーダーは、フォロワーによって生まれる、ということもできるんじゃないかと思います。

「リーダーシップの種が周囲にまかれていく」というのも、リーダーからリーダーへの伝達や育成過程の話ではなくて、リーダーシップを受ける側がいかに新たなリーダーを生み出していくか、という観点から捉えると、より議論が拡がるのではないかと考えています。

4-3　実際に新しいリーダーシップはどのようにデザインされるのか

八重樫　この章のまとめとして、では実際に新しいリーダーシップはどのようにデザインされるのか、少し大きいテーマですけれども、僕たちがこれからやろうとしていることのお話ができればよいと思います。

大西　「専門性」と「こだわり」というのが、私が新しいリーダーシップのデザインをイメージする時に思い浮かべるキーワードです。

私は、今はメジャーリーガーになっているダルビッシュを、東北高校の時にすごくよいピッチャーだという噂があったので、高校の時から追っかけていたんです。彼はすごくストイックでオープンマインドなんですね。今、彼の Youtube を見たら、自分の持ち球をオープンにして解説しさらにそれを磨こうとしていますし、日本ですごいボールを投げる選手がいたら連絡をとって、そのボールを自分が投げて試してみることなどを積極的にやっています。

彼を見ていると、その探究心やひとつのものごとにこだわって深めていく姿勢が、自分のことをよりよく知ったり、自分のよい活かし方を考えていくことにつながっていくんじゃないかと思うんです。それはもちろん野球じゃなくて何でもよいと思います。自分の興味を探求していったらそれがいつしか自分の「専門性」として機能するようになっていて、そこから「こだわり」が生まれてくる。それがリーダーシップにも通ずるのではないかと思います。

だから先生のように、デザインを学問として専門的に突き詰めていって、その先に経営学との融合や接点を見出すというのも、まずデザインの専門性とこだわりがしっかり確立しているからこそのことなんだと思うんですよ。

何でもいいので、自分のひとつの専門性を探求してこだわりを持つ、というのがまず出発点だと思います。そうすれば、そのこだわりを持って、社会や生活をよりよくするために自分が何ができるのか、ということを具体的に考えられるようになります。自分発の社会や世界に対する具体的で積極的な行動が、リーダーシップを生み出していくと考えています。

八重樫　リーダーシップをデザインすると言うと、すごく大きな意識改革のように聞こえますし、もしかしたら、その専門性やこだわりを持つのもハードルが高いもののように思われてしまうかもしれません。だからここで、そんなに頑張って無理してやることではないし、まず今の自分が始められることから手をつける、つまりこの話はできるだけ「小さく考える」という共通理解を持ったほうがよいのではないかと思うんです。

このできるだけ「小さく考える」というところが大きなポイントなんじゃないかな。

大西　そうですね。野球のフットワークでも、最初の1歩目は小刻みに小さく踏み出すのが原則です。

私がホンダで教えられた「小さく生んで大きく育てる」ということとも共通します。ホンダでは、それを忘れそうになると、上司から注意されることがとてもありがたかった。何かをしようとする時に大きな概念を持ちすぎていると「大西、大きすぎるぞ」とめっちゃ言われました。もっとちっちゃく、もっとちっちゃく考えろ、とすごく言われましたね。

グローバル・カンパニーの人事としてまずやらなければならないこと、そこで自分ができることを考えた時にも、「グローバル人事とは何か」っていう概念をつくって海外の人事メンバーに発信することじゃなくて、「まず、みんなで集まらへん?」ってメールを送ることからなんじゃないか、と同じく上司から言われたのを覚えています。本当に今できることを小さく小さくこまめにやっていくことの重要性を学びました。

だから私の会社(ヒューマンクエスト)の社員にも、ヒューマンクエスト事業に貢献するために自分が何をするのか、と大きく考えて止まらないで、今の自分に何ができるかから考え小さく動いてください、と言っています。

八重樫　「小さく考える」を基本にするんですけど、その最初の1歩自体それこそがすでにリーダーシップである、という認識を持てるようにすることも大切な点かと思います。
その小さな1歩が単に練習のひとつだとか、本番ではなく準備だと捉えるんじゃなくて、その小さな1歩自体がすでにリーダーシップを生み出しているんだ、という考え方ができるかどうかで、たぶんその先が大きく違ってくるんじゃないかと思うんです。そう捉えないと、自分がやっていることは初心者で単に練習なので、といろいろな言い訳をつけるようになってしまいます。

だから、そのあなたができることで踏み出す小さな1歩は、世界であなたにしかできないことで、すでに他者にとって大きな価値をもたらすものであるという意識を持てるかどうかで、その行為の意味づけが大きく変わってくるんじゃないでしょうか。

大西　企業のなかでも「変革」ということを大上段に構えてしまって、結局その変革のために個人が何をしてどう動くべきかわからないことが多いと感じています。個人的なアクションからうねりをつくらないと、組織自体が変革モードに入っていかないんじゃないかと思うんです。だから組織の大変革において、個人が小さく踏み出すことはとても重要なことなのですが、なかなか認識されていませんね。

ちっちゃく、ちっちゃく、ちっちゃくの積み重ねで風穴をちょっとだけ開けることから、大きく組織が変わる。それには時間がかかります。でも確実なんです。今日明日の大改革ばかり考えていて、結局変われないで助けを求めている企業が多いのが現実でしょう。

たとえいきなり大きく変われたとしても、いきなりの変化にはそれだけの揺り戻しがあります。また元に戻っちゃうことも早いということです。だから、新しいリーダーシップのデザインのために「小さく考える」っていうのは、すごくよいキーワードだと思います。

八重樫　ありがとうございます。では、「専門性・こだわりを持つ」「小さく考える」をキープしておくとして、また別の観点から考えてみたいと思います。

僕は15年ほど、大学で「メディア・デザイン論」という授業を担当しています。授業当初から、「メディア・デザイン」をどう捉えるかを考え続けているのですが、「メディアを対象としたデザイン」として、リアルタイムで捉えられるメディアのデザイン方法について論じようとすると、どうしてもネタがすぐ古くなってしまいます。

メディア事例を授業で取り上げる時には、もうそのメディアはみなに知られている／社会にリリースされているものなので、学生から見ると当然ながらその時点でもう古い。もちろん同時代の社会事象を分析することからの示唆は大きいと思いますが、大学の授業ですから、学生のその後を見通した内容を考えなければならないとも思います。

だから、「メディア・デザインという考え方」つまり、「メディア・デザインという思考フレームで見た時に世界はどのように捉えられるのか」ということを扱うようにしています。その思考フレームとは、授業ではあえてあまりわかりやすく説明していないのですが（笑）、ものごとを「3つの関係で考えること」です。

私たちは、何かを考える場合、「自分」と「対象」との直線的な2つの関係でものごとを捉えがちです。例えば、今僕が本を読んでいて、その内容の理解について図式化しようとする場合、「僕」と「本やページに書かれている文章」を置いて、その間に矢印を引いた図で表現しようとしてしまう。「3つの関係で考える」とはここに「もうひとつの何か」を召喚する、という考え方です。

「自分」と「対象」と「もうひとつの何か」が3つの頂点にありそれを結ぶ三角形を描いて、ものごとを捉えてみる。つまり、本の内容について、僕はそれを直接理解するわけではなくて、常に「もうひとつの何か」を介して・経由して理解している、と考える。

「もうひとつの何か」には、いろいろなものが考えられます。文章表現や文字の大きさ、本の大きさ・重さもそうだし、部屋の明るさ、まわりの音、流れている音楽、温度、湿度も考えられるでしょう。自分の心理状態、その時の気分、疲れ具合、自分が読みたいのか、読まされているのか、ということも挙げられるでしょう。

このように「3つの関係で考える」ことで、僕たちが何かを認識理解する時に、直接対象を知覚するだけではなくて、多くの「もうひとつの何か」を介していることに気づくわけです。この「もうひとつの何か」がメディアであり、このような考え方が、「メディア・デザインという思考フレーム」じゃないか、と考えています。これなら時代性にとらわれず普遍的ですよね。

大西さんのこれまでのお話を聞いていて、これ、リーダーシップの捉え方にも適用できるんじゃないかと思いました。リーダーシップは、リーダーからフォロワーに直接作用するだけではなくて、「もうひとつの何か」を介して作用するものとも考えられるんじゃないかと。この「もうひとつの何か」を考えていくことが、新しいリーダーシップのデザインを考える大きな（小さな）ヒントになるんじゃないかと思います。

大西　ありがとうございます。もうひとつだけ言わせてください。「小さく考える・動く」、また

「自分の思いやこだわりを大切にする」と言った時に、自分ができることで小さく進めているんだから「失敗できない」と思わない、思わせないようにすることがとても大事です。

失敗してもかまわない、何度でもやってみたらいい、そのためにちっちゃなことをたくさん試してみる、というような場の雰囲気をつくることが大切だと思います。そういう場づくりが先生の言う「もうひとつの何か」になるんじゃないでしょうか。

第5章

デザイン態度によるリーダーシップ

5—1　マネジメント態度からデザイン態度へ

大西　私がデザイン態度に興味を持ち、リーダーシップの議論に取り入れたいと思ったのは、まず「自分であること」を第一に考え始める点です。

ホンダでやっていたことも、まさにそうでした。まず自分がありたい姿を描くことから、すべてにおけるものごとをスタートさせます。起業して十数年経ちますが、起業してから今まで私が関わってきた企業はすべて、市場や会社の現状分析から入っていました。それらは全部、現状分析からのスタートなんです。自分たちがどうありたい、どうあるべきか、という議論から始めないんです。現状分析ばかりにめっちゃ時間をかける企業ばかりなのに驚いていました。

そこで思ったのはマネジメントやイノベーションの方法論としてではなくて、思考習慣として自分を起点に考え始められるように変わるにはどうしたらよいかということで、そこで先生のデザイン態度研究に出会ったんです。

それ以前にも「デザイン」に何かヒントがあることにはうすうす感じていて、デザインと名のつく本を読みまくりましたが正直ピンとくるものがありませんでした。「デザイン思考」がイノベーションの方法論として隆盛で、ビジネス領域でデザインに興味があるというとみんなそこに行き着く感じでしたが、プロセスがステップ化されていて、その順序でこなしていけばイノベーションが起こるというような考え方には違和感がありました。いや、順序立てててものごとをフローで表すのはすごくわかりやすいんですよ。

でも、私にはそれをやったらどうようになるか、というようなその実際の現場で起こる、つまり各ステップの間にあるはずのものが読み取れなかった。あまりにきれいに洗練化されていたので、実際デザインをしている人や現場ではどんな感じで、どんな思考で進めているのかっていうことに興味を持っていたんです。

八重樫　筒井康隆の『虚人たち』[1]っていう小説のなかの話で、1ページ1分のことを忠実に書いたものがありました。普通の小説だったら、登場人物に何かストーリーに関係するイベントが起こった時のことしか書かれません。「主人公はバスで○○に行った」という感じで、特にバスの中で何かなければそれは1行で済まされてしまう。でも、その情景や心の動きすべてを書かないと、主人公の気持ちの変遷や全体のストーリー展開をわかったことにはならないだろう、っていうのが作者の挑戦です。

僕は、これは小説の表現、つまり作者の筆致の話ではなくて、読み手のリテラシーへの問題提起だと思っています。文章や図にまとめて表現される時に、本当に大事なものがすごく飛ばされているということを読み手が理解したうえで、その文章や図を読み解いているか、ということです。

マネジメント態度ではどうしても、合理的で速い意思決定が優先されてしまうので、わかりやすい／すっきりとした表現にまとめられてしまいます。でも、本来その意思決定にたどり着くプロセスのなかでの紆余曲折や葛藤が共有されないと、本質的な理解ができず、本当にみんなが納得できる、それこそ共感を得る意思決定ができないはずなんです。

「デザイン思考」についても、そこで扱っている思考プロセスや行為自体は非常に多様なはずなのに、それがマネジメント態度からの見方によって解釈されてしまっているために、非常にもったいない成果になってしまっているように思います。やっぱりものごとを進めていくには、汗をかいて大変な部分があるわけで、それをどのように捉えていくのかということが、大きな問題のように思いますね。

こういう話は実際に企業の方と顔を合わせて説明すれば伝わるのですが、実際に僕が会った方が社に持ち帰ると、うまく社内で伝播できないことがほとんどです。デザイン態度とマネジメント態度の翻訳の問題なんですが、大西さんはこのあたりどのように対処していますか？

大西　事業の目的は「顧客の創造である」という、ドラッカーの話をしますね[2]。マネジメントの本質を示すことばだと思います。学術的にはドラッカーの位置づけは弱いのかもしれませんが、実務家を説得するためのことばとしては非常に強いと感じます。

顧客はあらかじめ存在するものじゃなくて、自らが創り出していくものだということを理解できれば、デザイン態度の必要性もよく理解できるはずです。経営者や管理職の意思決定に対して、どのように社内外の共感を得ていくのかというのが事業の基本なわけですから、単にお金儲けや、製品の性能の話だけしていてもダメで、感情的な最も深い共感を目指すべきであることは、ある意味当たり前なんです。

「汗をかいて大変な部分」を共有していくことはとても重要だと思います。それはつまり、誰かに選択され整形された情報を効率的に得るとか、一方的にノウハウを教え込むというような考え方から脱却し、「自分で考える」ということなんだと思います。

だから私は、野球の監督時に選手自身に考えさせることを徹底してきました。それはまわりくどい、遠回りなんだけど、そうしないと本質にたどり着けないんですよ。ビジネス一般ではスピードも結果も求められて、経験豊富な人が一方的に指示・命令することでこなしてしまうほうが効率的でみんな楽なのはわかりますが、そこに新しい価値が生まれる隙きはないように思います。

人間臭い泥臭い本質的な議論をしながら理念やビジョンやコンセプトをつくりこんでいくっていう、一番まわりくどく時間がかかることをできるかどうか、おたくの会社はそれができますか?と私が関わる企業には常に最初に問いかけるようにしています。

八重樫　ありがとうございます。僕らはさらに研究を進めて、デザイナーがデザイン活動に取り組む際の信念・行動規範・振る舞いの分析から、デザイン態度の特徴を詳細に分析しました（詳しくは、第1章を参照のこと）。それが以下の5点にまとめられます。

1　不確実性・曖昧性を受け入れる
2　深い共感に従事することで、人々の理解のしかたを理解する
3　五感をフル活用する
4　遊び心を持ってものごとに息を吹き込む
5　複雑性から新たな意味を創造する

これらをひとつずつ取り上げて、引き続き大西さんのご経験を絡めながら議論していきたいと思います。

5-2　デザイン態度の5つの要素から考える

5-2-1　不確実性・曖昧性を受け入れる

八重樫　デザイン態度のひとつ目として、不確実性・曖昧性を受け入れる、ということが挙げられます。これは今、VUCA／BANI状況という背景を考慮せずにはビジネス環境を語れないことに通じます。まずビジネスにおけるリーダーシップを考えた場合に、この不確実性・曖昧性を受け入れるということについて、大西さんのご意見やお考えをお聞きしたいと思います。

大西　まず野球の場面で言うと、今日は楽勝だなと思っていたら、一気にピッチャーが点を取られて負けてしまうことがよくあります。監督から見たら、抑えの切り札を出して、リードしたまま試合を乗り切るという勝利の方程式があるんですけど、そのとおりにはなかなかうまくいかない。それがスポーツの現実です。

そのなかで、勝利の方程式だけに頼らず、またこだわりすぎずに、現在の状態を受け入れて、そこでの最適な対応策は何なのか、というように常に監督も選手も自分で自分の行為をデザインしていくことを意識していないといけないと思います。そうしないと、勝利の方程式が崩れた瞬間に打つ手が何もなくって、ズルズルと悪い流れに巻き込まれていってしまう。

ビジネス現場で言うと、この不確実性・曖昧性を受け入れられない最大の壁は、過去の成功体験です。今までやってきた過去の自分たちのやり方を踏襲しないではいられない。特に過去の成功体験が大きければ大きいほどそうなってしまいます。だから、この不確実性・曖昧性を受け入れるためには、まず自分たちがこの不確実性・曖昧性の世の中に生きているんだという現実を受け入れなければなりません。過去のひとつの成功体験は、未来永劫成功する種ではない、ということを受け入れることがまず必要だと思います。

ホンダの創業時の副社長である藤沢武夫さんが、かたちあるものは衰退していく、という万物流転の法則のことをずっと言われていました。企業がずっとそのままのかたちでいかに長らえさせるのかを考えるのではなくて、いかに変化させていくのかを考えなければならないことを強く説かれていました。

この万物流転の法則っていうものは世の中の本質だと思います。でも、右肩上がりの成功体験だけを積んできた人たちには、どうやら万物が流転する不確実性・曖昧性の世の中を受け入れられない。いや、受け入れる度量がない、とすごく思います。

だから、まず世の中が不確実で曖昧であることを受け入れるところからスタートしないと、リーダーシップの話も始まらないわけです。まず、現状を受け入れないことには、何に重点的に力を入れてやるとか、フォーカスポイントを明確にするとか、どの方向に行くかを示すとか、ビジョンを発信するとか、何にこだわるとか、といった具体的なリーダーシップ行動につながらない。私自身、コンサルの現場で常に感じていることです。

八重樫　確かに、僕もその「受け入れる」っていう表現がすごく大事だと思っています。イノベーションやビジネスの話のなかでは、不確実性・曖昧性に「対処する」や、不確実性・曖昧性を「どうにかする」のような言い方がよく出てきます。それには何か違和感があるんです。そもそも不確実なことに対して対処できたり、どうにかできたりするものなのか、と。

だから、デザイン態度として特徴的なのは、この「受け入れる」っていう表現を用いていることなんですね。大西さんのお話を聞いて確信しました。

大西　それとやっぱり、生きていくとか、生きる目的を持つことがデザインの本質だと思うんです。それを問うことがデザイナーの日常である、という言い方もできるのかと思います。ここでのデザイナーは特別な専門技術を持っている人ではなくて、そもそも人はみなデザイナーであって、ひとりの人間として生きていくためには誰もがデザインという行為を行っている。

そう考えると、不確実性・曖昧性をまず受け入れ、そこからどうするか考えることは、日常的に誰もが行っていることだと思います。特別な教育を受けているかどうかは関係なく、生きることに真摯に向かい合えば、自ずとこのような感性を持って日常を渡っているんだと思うんですね。

野球の話に戻ると、その時点では点差が開いて勝っているけれども、どこかでこの試合はひっくり返されそうな気がする、というゲーム展開がよくあります。勝負の流れというものが確実にあるんです。そして、試合が動き始めると実際に点がすごく入るんですよ。

一方で、硬直状態になっている時に、監督の采配で代打を出したり、戦術を変えたりして試合を動かそうとすると、一時はそれらが功を奏して自分のところがリードします。でも、もう硬直状態ではなくなっていることは相手も同じなので、むしろ相手はビハインドになったことによって積極性が数倍になって現れて、こちらが点を取った次の回に一気に点を取るということが実際よく起こります。

スポーツではこういう駆け引きが日常で、この駆け引きはもちろん、相手とのものなんですが、不確実で曖昧な「流れ」というものとの間で起こることとも言えるのではないかと思います。私はスポーツのなかでこういう感覚が養われました。だから、この不確実性・曖昧性を受け入れるっていうのはすごく腑に落ちるんです。

実際に、今私が行っているある企業の人事に関するコンサル案件を例にしてみると、社長は業績連動に振りたい、でも人事部のメンバーは、社長の言うように業績連動に振りすぎると社員が疲弊するって言うんですね。これは施策として、どっちも正解なんですよ。

重要なのはどっちが良くてどっちが悪いということではない。問題は、どちらもその施策をとった後に会社がどのようになっていくか、というイメージがないことなんです。業績連動に振ったら疲弊するって言うんですけど、だったらもっとエンゲージメントを高める施策を打つとか、違うところで補完するという考え方がない。2つの対立案が出てきたら、そのどちらかに決めなければならない、という観念から抜けられないんです。

すぐにどちらかに決めずに、いったんそれらを受け入れて、その後にどのようにうまく進めていくかというイメージをお互いに持たないことが問題です。しかも、お互いにその施策の背景にある文脈を読もうとしない。社長の視点に立ってみれば、社長は東証1部の企業なので半期業績に対する株主へのコミットメントを考えている。でもそれは、社長以下の一介の管理職レベルではわからないみたいなんですよね。

八重樫　そういう話のなかでは、デザインが単に目先の問題解決ではない、というところが肝になってくるかなと思います。

目先にある問題をただ解決すれば、何かが得られるっていうところでものごとは終わらないはずです。その次に何が起こるのかというところも考えなきゃいけない。でも先のことはまだ誰にもわからない。だから予測するのではなくて、自らデザインしていくんですよね。それがビジョンを持つということにつながってくるのだとも思います。

だから、デザインというものは単に目先の問題解決ではないということが、不確実性・曖昧性を受け入れるという言葉に強く出てきているのではないかと思うんです。

大西　ホンダではKT法（ケプナー・トリゴー・メソッド）という思考訓練をすごくやりました。これは社内でほぼ義務教育化されており、日常業務で共通言語化されるところまで浸透していました。例えばホンダ社内では日常的に、ＳＡ（Situation Appraisal：状況把握）できているか？とか、ＰＡ

(Problem Analysis：問題分析）できているか?などの会話がよく飛び交っていました。SAは自分たちを取り巻く現在の状況を詳細に把握すること、PAはその潜在的なリスク要因を洗い出すことです。

さらに、KT法ではその先に、DA（Decision Analysis：決定分析）とPPA（Potential Problem Analysis：潜在的問題分析）というフェーズがあります。つまり、状況と問題を把握し（SAとPA）、自分たちが何をするべきかを決めた（DA）後に、その先に何が起きそうかまで考える（PPA）ということです。

KT法は、アポロ計画の時にどうやって宇宙飛行士が無事に地球に帰ってくるか、という思考プロセスとして存在していたものです。最近、昔のホンダに勤めていた時のメンバーと会った時にも、このKT法がしっかり身についていることが今でもかなり役に立っているよね、と話したばかりです。先生が言われるように、その行動を選択した後にどうなるかっていうことを、もう1歩前に出て先に出て考える癖をつけられていたというのは、KT法を学んだおかげかと思います。

5-2-2　深い共感に従事することで、人々の理解のしかたを理解する

八重樫　デザイン態度の2つ目として、「深い共感に従事することで、人々の理解のしかたを理解する」という点が挙げられます。「共感」の重要性はいろいろなところで言われていることですが、デザイン態度における「共感」の意味づけには少し注意が必要です。
（デザイン態度以外の）多くの場で「共感」の重要性が語られる場合、「自分の固定観念やメンタル

モデルにとらわれてしまうと、そこから逸脱するものやこぼれ落ちているものが見えなくなってしまう、だから、他者を思いやり、他者の思いに共感しなければならない」という論調がほとんどでしょう。この内容には、デザイン態度においてもまったく異論を挟まないのですが、共感の対象である「他者」の解釈がデザイン態度ではちょっと違います。

デザイン態度において共感の対象である「他者」とは、「人」に限りません。それは、自分を取り巻く状況や環境、モノやコトすべてを指します。自分以外のすべてと言ってよいでしょう。自分を取り巻く状況に共感するということは、前項の「不確実性・曖昧性を受け入れる」にも通じる感覚だと思います。

モノに共感する、という言い方もわかりづらいかもしれません。例えば、子どものころ身の回りのモノを大事に扱わずに、親に「そのモノの気持ちになってみなさい！」と怒られた記憶はありませんか。または、人形やぬいぐるみを擬人化してコミュニケーションするのにも近い感覚です。

また、先ほど「トイレのスリッパを次の人が使いやすいようにちゃんと揃えること」の話をしました（第4章参照）。ここで「スリッパを使う次の人」に共感することに加えて、「スリッパの気持ち」になってみる、さらに「トイレの状況そのもの」に共感するという感覚がデザイン態度に特有のものだと思います。

大西　ビジネス界でも最近、コーチングのスキルを学ぶ機会が増えました。これまでお話ししてきたように、私はスポーツの実践とともに、スポーツ心理学に基づいたコーチングも学んできました。

だから、現在ビジネスにおいて語られるコーチングスキルはどうしても、キーワードとその説明が並べられただけの、上辺だけのように見えてしまいます。

例えば、ビジネスにおけるコーチングでも「共感」の重要性は指摘されています。でもそこでは、積極的に傾聴すれば共感できるとか、「うんそうだよね」って言葉に出して相手に伝えることで共感できる、という表面的なスキルばかりが目立っている。やっぱり共感っていうのは、相手の話を本当にしっかり熱を持って聞き、丁寧に認めていくことからスタートして、そのなかで先生が言われているように、お互いの固定観念やメンタルモデルの差をひとつずつ確認していくことへの意識付けが一番大事なんじゃないかと思うんです。

私が自分自身でコンサルやコーチングをする時は、ニュートラルポジションに立つことを心がけています。ニュートラルポジションとは、中心からどちらかに偏ることなく本当の中心に位置することです。私はそこからものごとをしっかり見ようと思っています。

例えば、こんな事例があります。以前に、ある会社の人事部から、社員の仕事へのエンゲージメントを高めたい、つまり働く人のやりがいを高めたい、だから work engagement の調査をしてくれないか、という依頼がありました。

私はいつも初めて行く会社には、約束の45分くらい早めに行って、守衛や受付の対応やそこに来る人たちの振る舞いなどを観察することにしています。その会社では、初日が朝一番の打ち合わせだったんで、いつものようにちょっと早めに行ってみると、ガードマンさんが「おはようございます」ってすごい大きな挨拶しているのに、そこを通る社員は誰ひとり挨拶を返していない。

とても単純で当たり前のことなのですが、人は自分の日常的な振る舞いのそういう単純なことに気づきません。だからこそ、ニュートラルポジションからの気づきが重要です。この場合は個人だけでなく、集団的な日常バイアスかもしれませんが、まともに挨拶する気風や空気がそこにない。その空気はおそらく日常的なコミュニケーションにも大きく影響します。そして、たぶん仕事へのエンゲージメントにも大きく関わるでしょう。

だから、work engagement の指標を用いた社内調査をやるのも結構なんですが、働く人のやりがいを高めるために、今日今からできることにひとつずつ取り組んでいくことも重要なんじゃないかと思うんです。お互いが気持ちよく挨拶して、コミュニケーションできる空気がつくれれば、自ずと働くやりがいは高まっていくように思います。その時は、人事部にそのように提案しました。

一方で別の企業に行くと、私のような部外者がエレベーター乗ると、社員がエレベーターの階を聞いてくるんですよ。お客様だとわかっていたらお客様が何階に行くのか、普通にどの社員からも伺う空気がそこにある。ごく当たり前のことなんですが、簡単にできることではないんです。当たり前を当たり前にできる空気が醸成されていることは、素晴らしいと思います。私がこれまでに訪れた会社では、実際にできていない方が多い。

なぜそういうことができるのかというと、今起こっている事象をしっかり自分たちの目で見て、受け止めていこうとしているからです。そうでない企業は、調査レポートの数値を優先しがちです。work engagement を測ると言った時に、尺度と質問票をつくってアンケートを取ることと並行して、カフェテリアでご飯食べてる人たちがどれくらい話し合ってて楽しそうなのかとか、元気良さそうなのかな、とかいうさまざまなまさに今起こっている事象からも評価する視点が重要だと思います。私はそういう提案や実働ができるコンサルタントとしてやってきましたし、今後もそうありたいと思っています。

八重樫　大西さんのおっしゃるようなニュートラルであるということは、どこにも属さないとか、誰の考えも聞かない、というように聞こえてしまう可能性があると思います。でも実はそのまったく逆で、ニュートラルであるということは、どの属性やどの情報にも耳を傾けたり目を配ったりするっていうことなんですよね。

それは、私の師匠である向井周太郎先生の言葉だと、「専門性がないのがデザインの専門性である」っていう言い方になります。また、同じく向井先生の弟子であるデザイナーの原研哉さんの先日のツイートでも、デザイナーは「何者でもない」と言っています[3]。

これは、自分が何か特定のフレームやフレームワークに身を置くのではなくて、常に大西さんのおっしゃるニュートラルポジションに身を置き、何でも受け入れられる状態にしておくことなのだと思います。この何でも受け入れられる状態というのが、デザイン態度で言う「深い共感に従う」の真意だと思っています。

そうすると、いろんなことが全部自分に対するメッセージだと思えてきます。特にこの態度・姿勢は、リーダーシップとフォロワーシップとの関係において重要なことだと思います。何でも自分に対して何かを訴えかけるメッセージだというように環境を読むことは、優れたフォロワーシップのあり方であり、リーダーシップが発揮される環境要件としてとても重要なことになってくると思うんです。

大西　リーダーシップ開発に取り組む際に、フォロワーシップのあり方を考慮することはとても重要だと思います。例えば、営業で類稀な成績を上げてその地位を得た現社長がいる会社では、人事部はラインが違うのでその社長の参謀になりきろうとせず、社長の粗探しばかりで悪口しか言わない。社長にはない人事という専門性から、社長ひいては会社を支えるという発想にならないんです。なぜそう思えないのか、それはやはりフォロワーシップの問題だと思います。私はやはり、よきフォロワーでなければ、よきリーダーになれないと思っています。もちろん、理論的にもそう支持されています。リーダーとフォロワーがお互いに、「あなたのために私には何ができるか」ということを常に考えて動いていることが理想です。これはコーチングのスキルやテクニックの話のレベルではない、愛や美意識の問題かと。そうでなければ、深い共感には至らないと思います。

アスリートの話で言うと、『Number』という雑誌で本田圭佑と長友佑都が特集されていた号[4]がありまして、私は若手の研修でこれをよく使うんですけど、記事のなかで2人ともすごいのが「客観視」なんです。例えば、大学の時に腰を痛めた長友はその時自分が何をすべきかとか、本田であれば、今の状況を踏まえて、次の試合までに自分のパフォーマンスを向上させるために、今自分は何をやるべきかということを自分で自分に働きかけていく。アスリートとしてのリーダーシップに絶対必要不可欠なのがこの「客観視」なんですよね。この「客観視」はアスリートだけではなく、ビジネスパーソン、ひいては社会人、学生にとってもとても重要な要素だと思います。

客観視が重要な理由は、自分のあり方や現在の立ち位置を明確にするためです。次に自分が何をすべきか、次の状況に対する動きを決めるためには、まずその基点や軸が必要になるからです。自分を客観視することで自分のあり方やその立ち位置を明確にして、そこから次に自分が何をすべきか、次の状況に対していろいろな手を打つ。

ここでの話の流れでは「状況に共感する」という言い方ができるかもしれません。客観視で自分の軸を明確にしているのがポイントだと思います。状況に共感するだけでは、流されてしまう。深い共感に従うためには、自分の軸、ファウンデーション（基礎）となる立ち位置を持つことが同時にとても重要になる。そうしないと、共感対象に流されてしまうか、浮遊している状態になってしまうように私には思えます。客観視によって自分の軸を明確にして、次の手を打つ。そこでまた客観視して変化した自分の立ち位置を確認する。そしてまた次の状況を捉える。この繰り返しだと思います。

だから、次に進む方向はいったん大きくブレてみてもいいと思います。いったん偏った世界で生きてみて、それだとダメだと気がついて逆に触れようとするんだけど、逆に触れようとしたらそこから弾き飛ばされていく、というような経験を積んでいけばよいんじゃないでしょうか。

そんなこんなを繰り返しながら、痛い目にも会って、楽観的にものごとや状況を見られるようになり「深い共感に従う」ということが後天的に身についていくんだと、私は思っています。

八重樫　ただ、この「深い共感」ということにこだわりすぎると、その見方にとらわれすぎてフレームワークを持つことと同じになってしまうことに注意が必要だと思います。だから、これはデザイン態度のうちのひとつの要素であって、唯一これだけが発揮されればよいというものではない。これは他のデザイン態度の要素どれにも言えることです。

ここでは大西さんのおっしゃるように、これまで議論してきた「自分とは何か」ということと「自分が何をしたいか」ということを常に持っている状態を前提にして、そこから「深い共感に従事する」ことを発揮するのが理想的なんだと思います。

5-2-3　五感をフル活用する

八重樫　デザイン態度の3つ目は、「五感のフル活用」です。これも、これまでの話でいろいろ出てきているわけなんですけれども、やはりどうしてもビジネスシーンでは、五感をフル活用するという場面が極端に減ってくるように思うんです。

特に視覚と聴覚にかなり比重が置かれていて、それ以外の感覚、つまり触覚・嗅覚・味覚はあまり前に出てこない。先ほどの大西さんのお話にあった、レポートの数値だけを見るのではなくて、実際の場の空気、人々の会話や態度を見て感じていくという部分は、この「五感のフル活用」につながるものだったと思います。

だから、「五感のフル活用」を、これからのビジネスで強く意識していくことを推していきたい。特にリーダーシップは、単に言葉での指示や、何か具体的で明示的な指示としてだけに表れるものではなくて、なんとなくの雰囲気づくりから生まれてくるということを考えると、この五感というキーワードは非常に重要になってくると思います。

大西　はい、私がコンサルティングする時にも「五感のフル活用」は常に意識していることです。企業文化は明文化されたものから読むものではなく、肌で感じるものだと思っています。だから、社員食堂でご飯を食べてみたいし、そこで働いている人の感情に直に触れる必要がある。特に社内で目に見えないものごとに気を遣っていますね。

野球の喩えで言うと、グラウンドに入った時には必ず、風の向きはどうなっているかとか、あそこの傾斜はどうなっているかなどを確認します。ピッチャーだったらマウンドの硬さや高さを実際に確認しに行きます。私だったら例えば、1塁ランナーに出た場合に、盗塁しようと自分がリードした時に足場は固めやすいのか固めにくいのか、左中間・右中間の膨らみはどうなっているかとか、それぞれの場所で感じる風の向きなどすべて五感をフル活用して情報取得しておきます。そしてスポーツの場合は、取得したそれらの情報を単に感じたままにしておけず、自分の身体で解釈してパフォーマンスに変えていかないといけません。

この経験はビジネスでも活きています。コンサルティングの現場に行く時、このような五感でのチェックポイントのようなものを知らずしらずのうちに持っているんです。先ほどお話した、アポの小一時間くらい早く現場に着いて観察する習慣もそのひとつです。

元アイシン・エィ・ダブリュの社長で谷口さんという方がおられます。その方の手記をいただいたのですが、そこに「見えないものを見よ、本質を見よ、外から見よ、過去未来から見よ」と書いてあります。そしてその要点が「木の絵」にまとめられているんです。ものごとには直接見える部分（木）と見えていない部分（根）があるということの表現です。

そして、谷口さんはその内容を肴にして、プロゴルファー、ピアニスト、画家、料理人、炭焼き職人などと意気投合して楽しく話し合っていました。なぜまったく違う分野の人たちなのにこんなに話が盛り上がるのかと最初はびっくりしましたが、今は私なりに少しわかったような気がしています。ものごとを長く深く追求している人たちには、ものの考え方やその域にまで達する経験など、表面的なことではなく見えない奥の方に何か共通したものがあるのではないかと思うのです。だから、どんなに職業が違えども、昔から仲のよい友人のような会話ができるのではないでしょうか。

谷口さんはさらに手記のなかで、目に見えない大切な根の部分に栄養を与えるものを「地下水」と名付け、アイシン・エィ・ダブリュにおける地下水について考察を進めています。このあたりの感覚はまさに、五感がフル活用されているものだと思うのです。だから、世界一のものをつくってこられたんだと思います。

八重樫　たぶん、意識して五感をフル活用されたんじゃなくて、自分の働き方や考え方、動き方として自然にそうされてきたのではないでしょうか。そしておそらく管理職での意思決定の根拠としても、五感のフル活用が自然と行われてきたのではないかと推察します。単に報告書上の数値だけを見て判断するのではなく、逆に直感だけでもなく、いろいろなチャンネルから情報を仕入れ、全体的・

包括的に判断することを普通にされてきたんじゃないかと。

なぜそのような人たちは自然に・普通にビジネスシーンで五感のフル活用ができているのか、を明らかにする必要があるのかもしれません。一方で、現在のビジネスシーンでは「五感」が活用される場面が減ってきている、というのが僕たちの問題意識でした。よく考えると、これおかしいですよね。ビジネスにおいて有能な人たちが発揮している能力であれば、ビジネスシーンで必要とされる能力として優先的にリストアップされるはずなんです。だって、その能力を得れば、有能なビジネスパーソンの仲間入りができるはずなので、みなが目指すべき目標や日常的な努力項目に入ってよい。

幼少期の情操教育ではこの「五感のフル活用」の話が大半です。そこでは豊かな人生を送るために、幼少期から豊かな感受性を育てよう、というスローガンが展開されています。そうであれば、豊かな感受性は一般的なビジネスシーンで役に立ち、十全に活用される場面が多くあるはずです。でも、僕たちの問題意識に照らした現実はそうではない。

少し話を整理すると、「五感のフル活用」に関して、ビジネスを牽引するトップの人たちはその能力をいかんなく発揮している。幼少期でもよき将来を得るために必要な能力として、この点の教育に力が入れられている。とすれば、この間で「五感のフル活用」に関する育成や展開場面が分断されている、ということになります。

大西　ホンダに「ホンダ塾」という研修プログラムがあります。私も受講しました。まったく自分が働いたことがない地域に行かされて、そこの工場や生産ラインを見るように言われ、「ここで働いている社員は幸せか」というテーマでの報告を課せられます。その研修では何のデータも与えられず、直感で感じ取るという感性訓練なんです。

それを編み出したのは、岩井さんという生産本部長だったんですけど、元野球部の部長でもあり私は彼にかなり鍛えられました。例えば、トイレがきれいか汚いかから何を読み解くか、トイレがきれいだったらモラルが良いと思えないか、みたいなことを考えるよう叩き込まれました。先ほどもお話しましたけど、要は、従業員意識調査みたいなのでそのものを語るんじゃなくて、食堂でご飯を食べている時にどんな笑顔だとか、そこでラーメンを食べたい気持ちがどんなものだとか、人間の感情をもっと感じ取れっていうのをここで教えられたんです。

このように、人間の感情を敏感に丁寧に感じ取る教育を受けたので、おそらく自分は五感というものの重要性を積極的に理解できる気がしています。今思い返せば、実際にその研修プログラムを受ける前は、そんなに五感の重要性を意識していなかったんじゃないかと思います。やはり、トヨタの現地現物主義や、昔の製造業で言う三現主義的のような、いかに現場・現物・現実を自分の感性を通じて捉えていくか、ということは非常に大切だと感じます。

人は、自分が経験したことからしか語る言葉が出てきません。だから今でも、私がコンサルティングをする時には、やはりトイレへ行ったり、カフェテリアに行ってみたり、その会社の人事の人が気づかないようなところからアプローチしていって、五感をフル活用しています。そうすることで、独自の仮説を持つことができるんだと思います。その独自性が、他のコンサルタントとの差別化でもあり、クライアントとしても私を選んでコンサルティングを依頼する意味になっていると思います。

八重樫　改めて「フル活用」ということが、ここで最も重要なんだと思います。５つの感覚それぞれひとつずつに分けて、視覚ではこう、味覚ではこう、のように個別に感じて、それを足し合わせるようなことではない。５つの感覚のそれぞれに線が引けないことを自覚して、それぞれの関係性を問いながら、あくまで全体として感じる感覚が重要なのかなと思っています。

五感を使って何かやってみましょうって言うと、まずみんな目を閉じて感じるものを書き出してみようみたいな話によくなります。でも、たぶんここで僕らが求めているものや、大西さんがご説明されていることって、目を閉じて感じてみようではなくて、目を開けたまま、見えるものと聞こえるものと匂ってくるものと、こうなんか味として感じられるようなものを、全体的に感じてそこで何が得られるかということを考えてみよう、ということのように思うんです。

だから、味覚で感じようって言った時に、何か口の中に入れないと感じられませんよね、っていう話ではない。そうではなくて、今のように一対一で面と向かって話してる時にも、何かこう舌でまたは口で感じられるような感覚がどこかにあるはずだし、何かこういう話ってしょっぱいよねとか、そういうこと言ってるとまだまだ甘いよねっていうような、味覚的な感覚から出てきている言葉も多く出てくるはずです。

日常的なコミュニケーションにおいて、こういうところに敏感になってくると、リーダーシップにつながるところ言えば、仕事に関する指示系統の会話での質や表現力が変わってくるように思います。

大西　私は新入社員のトレーニングで、基本動詞を鍛える課題を与えています。例えば「み-る」

という動詞に対して充てられる漢字は、診察の診、観察の観などたくさんあって、それぞれにその行動の場面や状況、そこで求められることの意味が異なります。ビジネスのいろんな場面で、自分の使う言葉の選択に慎重に繊細になってほしい。自分の用いる言葉のひとつずつが、自分のその先の方向性やビジネス自体の方向性を決めていくということを、新入社員の時期に理解してもらいたい、という意図です。

私はビジネスのセンスや感覚を養っていくのに、この基本動詞への意識付けがすごく重要だと思っています。「話す」と「伝える」は、その意味や行動の目的が異なりますよね。これらをひとつひとつ鍛えていくことは、「五感のフル活用」のためのその素地となるトレーニングにもなりうるかと今ちょっと思いました。

八重樫　デザインを学んだ身としては、言葉遣いや文字表現ということがすごく叩き込まれているので、すごくよく理解できます。特にグラフィックデザインだと、言葉をどうやって並べて組んでいくのかというところが非常に重要な点です。日本語の組み方は、使われる文字がひらがな・カタカナ・漢字・アルファベットというように多様で、その並びのバランスをとるのがすごく難しい。

ひらがなっていうのは、もともとやまとことばで語られてきた音声ですし、それにどういう漢字、いわゆる漢から来た字を当てていくのかというところで意味表現の広がりが出てきます。そうすると自ずと、なぜそれをひらがなで書くのか、当てた漢字で表現するのかということにこだわるようになってくるんです。

このひらがなと漢字の関係を問うことは、古来のやまとことばを用いていた人々の世界や暮らしの捉え方の根源を捉える機会でもあり、またそれに書き言葉である漢字を充てたことで、時空間を超越するコミュニケーションが可能になったわけで、大西さんのおっしゃるように、基本動詞に敏感になるところから初めて行くトレーニングはとても重要だと思います。

先日大西さんに、私の師匠である向井周太郎先生の本[5]をご紹介しましたが、その本のなかでは大西さん同様に、言葉／ことばに徹底的にこだわられていたと思います。僕も血気盛んにデザインを学ぼう（?）と美大に入って、最初にこの向井先生の本を読んだ時には、この徹底的にことばにこだわられる考察がデザインについての話なのか、いや正直いったい何なのかさえ、わかりませんでした。「かたち」の「ち」には、「知」「血」「乳」「父」「地」「霊」などいろんな字として充てられる意味がある。そこには共通する概念があって、それを「ち」と呼ぶのが古来の世界や生活の捉え方で、僕たちに代々継承（形象）される「かた」に対して、その「ち」を付与することが自分自身の生き方であり、それこそがデザインであると言われても、グラフィックデザイナーになりたい一心で大学に入ったばかりの若者（僕のことです）には、なんのこっちゃわからないわけですよね。

だけど、今になってやっとすべてデザインとしてつながっていくということが理解できるようになってきました。だから、今は言葉の使い方や作法に立ち返るのはとても重要だとずっと理解できます。大西さんも、向井先生の本にお目通ししていただいたと思いますが、いかがだったでしょうか？

大西　何回も読み直しました。めちゃくちゃ本質的なことが語られていると思います。かたちあるものがデザインであるという自分のなかでのイメージが壊れていって、デザインは「生成」であるという、動的で生命の息吹のような感覚が確かに自分のなかに生まれています。これが率直な印象です。

八重樫　ビジネスのフィールドで話をしていると、ビジネスに関わるのは人間だから、人間の本質的な理解が必要だということにはある程度すんなり理解が得られます。でも、その理由として、お金を払うのは人だから、とおっしゃる方がけっこういるんですね。確かに、ビジネスは人を相手にすることなんですけど、そこまでで止まっている話が多くて、その人の向こうにあるものはあんまり見ようとしない。

この意味で、デザインとビジネスって前からけっこう相性悪いんです。今はデザイン経営というところでつながろうとしていますけれども、デザイナーからすると、ビジネスや経営学、特にマーケティングとは相性が悪い。なぜなら、先に述べたように、日常的に出会うビジネス側の人々のなかに、人をお金を払う対象としか見てないような発言をする方が多いからです。

デザインに関わる身としては、デザインは生の全体性の話で、ものごとが生起するプロセスであり、世界をつくるプロセスと捉えているので、人を含んだ環境全体の話をしていきたい。環境には、当然ながら人以外の生き物もいて、見に見えない微生物もいます。そういう全体的な環境を考えて初めて豊かな社会というのが実現されるんじゃないか、そこでやっと豊かなビジネスが行われていく、っていうのがデザイン的な考え方です。

だから、単に人だけを相手に何かビジネスを考えるということは、非常に狭い考えなんじゃないかと思ってしまいます。ただこの見方も、デザイン側からビジネスを見た時の、非常にステレオタイプな狭い見方です。ビジネスを考える人のなかにも、その対象となる人や環境を広く捉えて、本質的な豊かさを追求しようとする人はたくさんいます。

だから、デザインとビジネスを、本質的な世界の豊かさを追求するためのアプローチの違いと捉えれば、広い包括的な視点でデザインとビジネスを結びつけた有用な相乗効果が得られると思います。でも、現在のデザインとビジネスに関わる議論では、デザインはビジネスにおいてイノベーションとブランディングに役立ち、ビジネス（的視点）は企業でのデザインの地位向上に貢献する、というとても限定的で狭い接点を求めようとしていて少し残念ですね。

大西　例えば、稲盛哲学とか、ホンダフィロソフィーのような部分で、ビジネスフィールドとデザインとの相性はすごくよいと感じています。経営学そのものというより、経営者のリーダー学的なところです。そこでは必ず、ビジネスの目的は世のため人のため、社会の生成であるという話や、ビジョンやビジョナリーの重要性が語られています。

つまり、その人の在り方や生き様そのものが哲学となり、ブランディングされていき、それがひとつの企業アイデンティティをつくってカルチャーになる。そしてそのカルチャーが認められてファンができてくる。経営学におけるこの側面、これは経営学の範疇ではなく、哲学なのかもしれませんが、デザインと一番つながるところだと思います。

そのような経営実力者のエッセイが書かれているビジネス雑誌があって、実際に中小企業の社長さんなどを含めて年間購読して読んでいる人が多いんです。そこには、デザインの考え方とのつながりが多く書かれているのに、それが指摘されていないので、多くの読者はそこにデザインとのつながりを何も認識できていない。すごくもったいない気がします。

八重樫　先ほども述べましたが、ビジネスにおけるスーパーヒーローたちの哲学が、デザイン的な考え方と相性がよいということは一般的にも理解されると思います。ただ、それは「スーパーヒーローだから」できることであって、ビジネス一般に敷衍できる共通概念ではない、とどこかで線が引かれているような気がします。

彼らスーパーヒーローたちが持っていることが、どのように一般に浸透されるべきか、という議論を活性化して、その距離感を埋めていくような話を積極的にしていかないといけないと思います。デザインでもそうです。今はデザイナーが非常に一般の人から遠いところにいます。デザイナーだって、もともと特殊能力を持っていたわけではなくて、みんな同じ社会で育てられてきたわけで、デザイナーが発揮している能力の源泉はみんなが持っているんだっていう意識の醸成をうまく仕掛けていければ、デザインリーダーシップの話にもなってくるんじゃないかなと思っています。とはいえ、実際にどうするのかっていうのはこれからの課題なんですけどね。

大西　先生はデザインやデザイナーという視点から経営を捉えられると思うんですけど、私はやっぱりスポーツから学ぶべき経営という視点があると思っています。いろいろな人から、大西さんそれは体育会のことでビジネスでは無理だよって言われているんですが、ビジネスとスポーツに共通するところは実際にいっぱいあるんです。

もちろん、デザインもスポーツも一朝一夕で身につくものではなくて、それをビジネスに活かすと言っても、1日の研修やワークショップで理解できるものでもありません。だから、とりあえずやってみようと行動につなげる人ってやっぱり少ないと思っています。現代の世間一般のビジネスリーダーは、ここでひとつ探求してみようか、というようにはいかないと思います。だから、私たちはその伝え方を考えていかなければならない、デザインしていかなければならないんです。

5-2-4 遊び心を持ってものごとに息を吹き込む

八重樫 次のデザイン態度は、「遊び心を持ってものごとに息を吹き込む」です。前項の「五感のフル活用」の応用編でもあります。とにかくいろいろやってみる、そして楽しさを追求するということです。

この遊び心や楽しさは、どうしてもビジネスを語る時には後ろに隠れがちだと思いますが、大西さんがリーダーシップの話やコンサルティングをされる時には、この点は捉えられていますか?

大西 仕事に対するモチベーションのことを考えても、もちろん遊び心もって面白おかしくやれたほうが絶対によいと思っています。自分の修正力の本[6]でも書きましたが、一生懸命努力することは大切なんだけれども、面白おかしくやることはもっと大切です。だから、この「遊び心を持ってものごとに息吹を吹き込む」というのは、私はすごく重要だと思います。

企業で人事に携わっている方のなかでは、仕事にやらされ感を持ってやっている人が多いです。だから、新任研修などでは、人事の仕事の難しいところよりおもしろさを伝えようと思っています。これは少年野球の指導でも同じです。少年野球の指導者の多くは、野球とは何か、野球とは厳しいものだ、から入るんですけど、私はそんなことから始める必要はぜんぜんないと思っています。

面白おかしくバットにボールが当たってボールが遠くに飛ぶ瞬間、それからホームランになった時にゆっくり4つの塁を走る快感、帰って来た時にハイタッチしてくれる仲間のエネルギー（これはコロナ禍の今は難しいかもしれません）、これらの感動は一度経験すれば忘れられません。だから、別に厳しくやる必要はぜんぜんないんです。おもしろくて楽しい、本人がのめり込んでいけるような状態をいかにつくるかがとにかく重要です。

ビジネスでも同様だと思います。ビジネスにおいて「遊び心」という表現が馴染まないのなら、「知的好奇心」に置き換えてもよいかと思います。ビジネスの現場で、本人の知的好奇心を引き出してあげたり、くすぐっていくかはものすごく大事で、私もいつも意識しています。海原の中で自分たちで泳いでみたいっていうような、できるだけWantの状態を引き出していくことに自分のリーダーシップ行動として注力している気がしますね。

ただし、会社においてこの遊び心を持って取り組むことが不真面目であるという捉えられ方をしてしまうことが、やはり今の日本企業の生産性を落としている最大の所以だと思っています。それこそ、遊び心を持って楽しくやったら生産性も上がるし創造性も上がり、人間の持つ五感や潜在能力が出やすくなるのに、なぜそれをやらないのかという疑問はいつも抱えています。

八重樫　遊びや楽しいっていうことが、ご気楽だとかそこに辛さや厳しさがないということと一緒に語られたり理解されているようにも思います。

実際、子どもたちの遊びを観察してみると、自分がのめり込んで何かをすることのなかには必ず努力する部分が入っているし、そんなにこう好きなことだけをやっているわけでもないように思います。ただ先にある、大西さんがおっしゃったようなハイタッチや成功体験にたどり着きたい、そのために純粋に努力する。努力の過程では、かなり自分に負荷をかけていたりもするし、やりたくないことも多く含まれているんだけど、遊びや楽しいっていうことがそれを凌駕してドライブするので苦にならないんだと思います。

そうすると、意味づけの問題になっているように思うんです。辛くて嫌だっていう気持ちと、楽しくてしようがないっていう気持ちは、まったく行為や時間、負荷は同じでも自分の目的や意味づけによって変わってくる。こう考えると、意味のフェーズとして非常にわかりやすい例なんじゃないかと思います。

大西　少年野球で言うと、私はまずゲームをしてプレーを楽しむようにします。でも、多くの指導者はまずトレーニングばっかりさせるんです。でも別にトレーニングをやりたいために少年野球のチームに入っているわけではないですよね。みんな試合に出て、自分の実力を試したい。

私が少年野球を指導する時には、チームが30人いたら、15人の2チームで全員が出られるようにゲームをします。全員が打っても、なかなか点は取れません。ではどうしたら点を取れるのか、というテーマを子どもたちに与えると、キャッキャ言いながらいろいろ自分たちで考えて頑張ります。みんな自分で努力するんですよね。

打てなかった子どもは、次に打ちたいと思い、めちゃくちゃ練習し始めるんです。ワーッとバットを振りまくったりするわけです。子どもは、よく言われるゾーンとかフローの状態に入りやすいんですね。そうするとどんどん勝手にうまくなっちゃうんですよね。そこで、大人の役目は、むしろやり過ぎを止めたり、間違った練習をして身体を壊さないように見てやることに変わるんです。

そういう意味で、遊び心がモチベーションや知的好奇心を揺さぶって、創造的行動を喚起し、自ずと技術・技量を上げていきます。もちろん、その後に基本の重要性を知るフェーズがやってきます。自分のモチベーションだけでうまくなる限界が来るので、そうするとまわりのうまくなっている人を見て、基本を大切にしていることに気づくんです。

八重樫　実際にこの要素は、ビジネスの文脈でも"Playful"っていう言葉で捉え直されていますし、今注目されているワードでもあります。ただ、大西さんのようなスポーツの体験から、"Playful"をビジネスに適用しようとする例はまだあまり多くないように思い、いろいろな可能性を感じますね。

大西　少年野球でまずみんなをゲームに出すように、ビジネスでも場をつくってあげれば、みんな勝手に遊び心を持ってやっていきますよ。企業研修の動画を作成する場合に、よく私はプロデューサー的なリーダーシップの発揮を意識して動きます。進行も台本も出演者も全部決めて臨むんではなく、その企業の人事のメンバーにいろいろ自分たちで考える機会を与えるように振る舞うんです。そうすると、実は自分が出てしゃべりたいという人がいることがわかってきたり、こんな音楽にしたいとかいうのが社員から出てきたり、いろんな積極性やこれまでにない研修動画のアイデアが次から次へと湧き出てきます。

研修動画をつくるということ自体を、遊びのプロジェクトに変えていくアプローチです。もちろん私自身もそこで楽しみます。このアプローチは、自分の性格にも向いているからこそできることではありますが、他のコンサルタントがやらないようなアプローチとして、我が社の独自性が際立つところでもあると思っています。そして、そういう楽しさは伝播するんです。遊び心あふれる楽しい雰囲気でつくられた研修や動画は、見ている人にもその空気感が伝わるし、何より仕事の楽しさが再生産されていきます。まさに、遊び心をもって研修に新たな息を吹き込むということだと思います。

八重樫　そういう意味では、やはり企業での仕事の態度評価などで、「遊び心を持って楽しくやっているか」のような指標がまだごっそり抜け落ちていると思います。そういう評価項目はほとんどないですよね。

大西　仕事のプロセスとしても、分析して、原因を究明して、施策を打つ、っていうことが求められるんですが、それだとぜんぜんどこも楽しくなさそうですよね。私がコンサルティングしている会社でも、現状分析して原因究明した後に、施策を考えるっていう段階で、みんなで話し合うとか意見を出し合うとかいう場を持っているところはほとんどありません。そこでいろいろ自分たちで考えるのが、本来楽しいはずなのに、コンサルに丸投げされることがほとんどです。

だから私は「ドラえもんのポケットじゃないんで答えなんか出てこないよ」と言って、一緒に考える場を持つように仕掛けます。私は組織や人事のコンサルなので、解決策を納品するのが役目じゃなくて、組織のコミュニケーションを円滑にクリエイティブにしていくのが役目です。場が用意され、そこに自分も参加して、主体的に考えてやろうとする姿勢に対してリアクションがあったり、褒められたり、実際に意見やアイデアが取り入れられたりすれば、少しずつおもしろみが出てくると思うんですね。楽しくなってくるはずなんです。

何も遊び心というのは、羽目を外せとか馬鹿をしろということを言っていることではぜんぜんないと思います。私は今後、仕事での遊び心が働きがいとかやりがいに直結してくることだと思っているので、すごく重要なことだと思いますね。

5-2-5　複雑性から新たな意味を創造する

八重樫　最後は、「複雑性から新たな意味を創造する」ということです。新たな意味を創造する、というのはこれまでの話の核のひとつでもありました。

デザインを「ものごとに意味を与える行為」として捉えるのが、最近のデザイン分野でも共通した考え方です。特に、デザインをリーダーシップやビジネスに活かすうえで、このデザインが「ものごとに意味を与える行為」であるという認識をいかに浸透させていくのかが、僕たちの課題になってくると思います。

デザインというのは、色やかたちの造形行為という側面からの理解が強くされがちなところで、この意味に着目している行為であるということを一般に理解してもらうことは非常に難しいと思います。大西さんも同様に、このデザインの捉え方をビジネスに展開するうえで、かなりご苦労をされていらっしゃると思うんですが、大西さんとしてのやり方や工夫を教えていただけないでしょうか。


大西　スポーツ心理学で言う「セルフイメージ」が、この部分のデザインの認識に似ていると私は思っています。

「セルフイメージ」とは、自分で自分のことをどのようにイメージ化していくか、自分の意味づけのようなことです。その意味づけがネガティブであれば、自分に対する自信も小さくなり、行動の成果も小さくなってしまいます。だから、いかにポジティブなセルフイメージを持つようにできるかが、スポーツでのメンタルトレーニングの中心になります。

某テレビ局のコンサルティングをやっている時に、もう視聴率っていう言葉が死語になってきているので、視聴率をパフォーマンス指標にはできないっていう話が出ました。そうすると、視聴率に変わるパフォーマンス指標を考えなければならない。そのためには、テレビ局とは何をするところなのか、というセルフイメージを再定義しなければならなくなるわけです。そこで、自分たちは単にテレビの放送局ではなくて、ビジネスコンテンツを創造していく会社だよね、っていう考え方になっていって、会社のあり方自体の問い直しが始まります。

このような、自分たちの置かれている複雑で曖昧な状態のなかから自分たちの進むべき方向性やその意味を自分たちに問い、創造し定義づけ、それを実行していくっていうことこそがデザインリーダーシップの真骨頂であると私は思っています。

八重樫　僕もそのとおりだと思います。この後、実際に大西さんのいくつかの実践をご紹介いただくことで、デザインリーダーシップの具体的な中身をより掘り下げていきたいと思います。

第6章 デザインリーダーシップを駆動して、会社や社会を変革する

6-1 少年野球・学生野球に求められるデザインリーダーシップ

6-1-1 厳しい野球、楽しい野球

私（大西）は、企業の変革や会社の体質改革を行う「変革」を専門とした人材開発、組織開発のコンサルタントであり、経営者や経営幹部のエグゼクティブコーチングを仕事としています。

VUCA／BANIの時代にいかにして、持続的成長可能な会社をつくるかが経営者の命題であり、みな、「変革、変革」と声を大にして言いますが、経営者の危機感は末端の社員まで届いていないケースが大半でもあります。特に大企業ほど、変革の旗印を掲げるものの、「変革というが、変わり方がわからない」と嘆く、部長、課長クラスの姿を幾度となく見てきました。

それだけ、変わるということは難しいことです。

変わるために何をすればよいのかと尋ねられれば、「デザインリーダーシップを学習し、デザインリーダーになること。デザインリーダーとは、企業活動のすべてに改めて、なぜ、これを行うのかという目的を問い、明確にする人」とお伝えしています。意味を問うことを中心にものごとの本質を探究し、その在り方を明確にするという行為がデザインリーダーの中心的な意識と行動と置き、私はお客様に徹底的に問いをたて、質問を繰り返していきます。

モノやことに意味を与えるのは、人です。

ビジネス界のリーダーやスポーツ界のリーダーがデザインという行為を使いこなすことができれば、厄介な問題を解決していくことができます。変化を起こすためには、ものごとの意味を問い直すことから始める必要があるからです。

私が考えるデザインリーダーシップとはどのようなものか、事例を挙げながらそのスタイルについてお伝えしていきたいと考えます。

「野球は楽しいもの?」――「野球は厳しいもの?」

この2つの問いにあなたはどのように答えますか?

私は「野球は楽しいもの」と意味づけ、それを軸にどうしたら子どもたちが楽しみながら野球が上達するのかを指導者が考える必要がある、と思っています。

ですが、「野球は厳しいものだ」と野球界の重鎮たちからは、「喝」をいれられそうです。競技のレベルが、高校野球、大学野球、社会人野球、プロ野球と上がるごとに「野球は厳しい」ものの、特に社会人野球やプロ野球は「野球」の才能とスキルがあるからこそ、その世界で生きていけるものです。「野球は厳しいもの」という表現は、理解できますし、私自身も社会人野球ホンダ鈴鹿時代は、成績不振を理由に監督を更迭された経験があります。「野球は厳しいもの」ということもよく理解できます。

しかし、少年野球に必要以上の厳しさは必要なのでしょうか?

少年野球の目的が、青少年の育成であればなおさら、「厳しさ」を求めるよりも「楽しさ」を求めることが大切です。

私は、前述のように人材開発コンサルタントとして、数多くの企業でコンサルティングや研修を実施してきました。好業績企業ほど、仕事を「おもしろ、おかしく、楽しみながら」行う会社の雰囲気が顕著です。逆に、元気のない会社ほど、「仕事が義務化」されていて、ノルマができなければ、怒られる、気合いが足りないと叱咤される行動がみられます。

現場で働く人たちから聞こえてくるのは、会社や上司の悪口、自分の会社を卑下する意見ばかりなのです。

少年野球もこのような大人の仕事場の縮図のように、

① エラーや、打てなかったら怒られる（結果管理）

②気合いが足りないと説教される（気合いと根性）
③試合で負けると、特別な練習メニューが組まれ、やらされ感がつのる（練習がノルマ化）
④長時間の練習でへとへとになる（過重労働）

となっている現場がいまだに多いと感じています。

私の仕事仲間で子どもさんが硬式の少年野球チームでプレーしている方がいます。よく相談を受けます。相談の内容は、「指導者は、プロ野球経験者。子どもが理解できない技術指導をしたりするので、のびのび野球ができない。中学生なのに野球がおもしろくない、塾に行くよりプレッシャーを受けている。」というものです。

好きで始めた野球がおもしろくない、とは本末転倒です。ではなぜ、野球は厳しくなければならないという文化が生まれてきたのでしょうか？

6-1-2　野球は「体育」なのか、「スポーツ」なのか？

日本野球および日本のスポーツ界は、「富国強兵」政策における「強兵」、言い換えれば、強い軍人の育成と輩出が目的であった「体育」の流れを色濃く受けています。高校野球が丸刈りなのは、これらの歴史的背景からくるものです。

現在社会は、「多様性」の時代であり、変化の時代です。明らかに野球界は時代の潮流に対して、変化を拒み、過去を「是」として今に至る「文化」を持っており、その文化は非常に強固です。サッカー界、バスケットボール界と比較してみても、旧態依然としていることは誰もが気づいているのではないでしょうか。このままでは、野球界の成長と発展は望めません。

「体育としての野球」から「スポーツとしての野球」に、その意味をイノベーションさせていくことが大切です。

「スポーツの語源」について確認しておきましょう。Sportsは19世紀から20世紀にかけて使用されるようになった英語です。その語源はラテン語の「deportare」からきています。この語は、日々の生活から離れること、すなわち、気晴らしをする、休養する、楽しむ、遊ぶなどを意味していました。そして「deportare」は中世フランス語では「desport」と呼ばれ、14世紀にイギリス人が「disport」として使用し、16世紀にsporte、またはsportと省略されて使用されるようになったと言われています。

このように言葉は変わってきていますが、言葉が持つ意味として「遊ぶこと」の本質は変わっていません。スポーツを通して遊び、楽しむことが原点になります。

子どもの指導を科学する時、野球という行為は、「Play Ball」という審判のコールから試合は始まります。「play」という英語の意味には、「遊ぶ」という意味もあり、審判が「さあ、野球を楽しもう！」ということを宣言し、試合が始まるのです。

だからこそ、少年野球は、「子どもに野球を楽しんでもらう」ことが指導の原点でもあり、「楽しむ」ことが野球の原点なのです。

大人の世界の人材育成においても「遊び心」は大切であり、その理論があります。遊びと遊び心の大切さについて、ハーバード大学でリーダーシップを教えてこられたハーミニア・イバーラ教授の研究が参考になります。

イバーラ教授は、仕事と遊びの活動そのものに違いはなく、「仕事で遊び、遊びで仕事をすることができる」と言います。遊んでいる時は、時間が経つのも忘れて無心で楽しみますが、なりたい理想の自分を思い描き、「おもしろ、おかしく」仕事をしている時は、遊びとまったく一緒だということです。

そして、あらゆることを楽しもうとするアプローチの最大の利点は、「創造性が高まること」と結論づけています。

イバーラ教授の研究は、スポーツの語源である「遊ぶ」ともシンクロしています。富国強兵から強兵として行われてきた「体育」から「スポーツ」への意味づけを変えること、時代は「スポーツ」を希求しています。

「野球は楽しく」こそが、学生野球、少年野球指導の原点ではないでしょうか。すべてが「こうなくてはならない」という思い込みから、現在の状況は産み出されてしまいます。スポーツは本来、多様性に満ちたものであるはずなのに、同質化した固定化された信念で固まり、スポーツの可能性を小さくしています。また、それらの固定化された思い込みと信念を崩すのは容易ではありません。

少子高齢化で野球人口が減っているにもかかわらず、固定化された信念を持つリーダーばかりでは、大きな変革は起こる余地はありません。
体育ではなく、スポーツとしての野球をデザインすることから始める必要があります。

6-2 「人件費管理の人事部」から「人を活かす人事部」への体質改革

6-2-1 人事部の役割の変化

モノやサービスが売れない時代、ユーザーの価値観が多様化していくなかで、人事部の役割も大きく変わろうとしています。日本では大量生産消費の時代に、合理的な判断のもと、いかに生産や業務の効率化を進めていくかというところに焦点があたり経営が行われてきました。

そこでの人事部の役割は、目標達成に向けてどう社員を「管理」していくかということに重点が置かれてきました。その結果として、日本企業は生産性を高めることで競争力をつけ経済の発展に貢献してきたのですが、その反面、今でも人事部の役割と言えば、人事、労務、福利厚生を管理していくものというイメージが強く残っています。

しかし、今のような変革を求められる時代においては、単に人的資源を管理するのではなく、経営戦略と歩調を合わせ人事戦略を立てていく戦略人事が求められています。つまり、これからの人事部の役割は、経営・事業戦略と連携して人事を戦略的に考えていく戦略家であり、経営戦略を社員に伝えるコミュニケーター、社員の声に耳を傾け、やる気を引き出すモチベーターなのです。

私が人事制度改革を含め、経営と人づくりを強め、持続的成長可能な会社を作ろうというプロジェクトで行ってきたある企業の「意味のイノベーション」と「デザインリーダーシップ」をご紹介します。

私がご支援させていただいたこの企業は、東証一部企業で在り、商社として実績を残して企業です。人の力を最大化し、競争優位性をつくり出していました。しかし、その競争優位性に陰りがみえ始めていました。人事部は、人事制度の悪さ加減を挙げていました。

インタビューを通じて、私が徐々に解釈していったことは、**「人事制度が、ひとの行動を変える」「人事制度が、現場を変える」ということが「支配的なものの見方・思い込み」になっていて、**それが企業変革の邪魔をしているということでした。

人事部メンバーの実務では、現場のひとの行動を変えたくて、人事制度を改定してそれを導入し、その効果を期待していました。現場で何か問題が起こるとその都度、既存の人事評価制度の運用ルールを変え、それを守るという人事部の仕事スタイルが浮き彫りになってきました。

人事の世界では、「○○制度が導入されている企業ほど、高い業績をおさめている。競合他社も実行しているし…」などから、制度で現場を動かそうとする、言い換えれば管理を強化しているということを人事部が自覚しなければなりません。また、流行りに流されて流行りの人事制度を導入して、企業が本来持っている企業文化を崩壊させてしまうケースを幾度となくみてきました。

自社の強みや企業文化、DNAは何かの本質に立ち、人事制度を考え抜く人事パーソンをあまり見たことはありません。人事パーソンは人事管理の専門性はあっても、経営視点で人事を、そして、現場目線で人事をきちんと語れる人は本当に稀です。

この事例において私は、人事部（部長・副部長）の思い込みを打ち破り、ルーティンを変えるために「問いかけ」を数多く行い、「人事制度そのものは、ひとの行動を変えない」「人事制度そのものは、現場を変えない」という本質に気づいていただくために質問を繰り返していきました。

人事部のメンバーにありがちなことは、流行りを追い、こうでもない、ああでもないと制度の設計ばかりの議論に時間を費やすことです。そこには、人を中心とした経営を実践していくために最も大切なものは何かの議論ではなく、「どんな制度が良いか…。ジョブ型が流行りだ…」などというトレンドを追う姿でした。ものごとの本質が見失われているということを強調してお伝えしたかったのです。

6−2−2　人事制度が、ひとの行動・現場を変える時

「人事制度と成果」の2点だけを捉える思考習慣では、本質がどうしても抜け落ちてしまいます。

では、本質は何かと言うと、

1　人事制度が、ひとの行動・現場を変えるのは、

2　現場の人々に人事制度が受容・解釈され

3　意味づけられた時

ということです。これが「本質」です。

現行の人事部の動き方は、勝手に人事評価制度のルールをつくって、「標記のことについて、現場で実行をお願いします」という、添付ファイルつきのメールを現場に送り運用しているかたちになっており、現場の人々が人事制度を受容し、解釈され、意味づけられているという状態に至っていないという事実です。

目標管理制度と人事評価制度が効果を出すのは、現場の人々に制度が受容・解釈され・意味づけられた時だと言えます。丁寧な説明は必要ですし、社員の話題になるくらいではなければ、効果は出ないということです。

インタビューから明らかになったことは、人事部メンバーがきちんと目標管理制度や人事評価制度を説明できないこと、また、ルールを変えた背景がどの文書にも記載されておらず、「変化点」がつかめない状態になっているという実態でした。

人事部の思考習慣と仕事の質をダイナミックに変えるということが戦略人事の実行に最も重要であるということです。

解釈と意味づけとはまさにデザインそのものであり、それを積極果敢に行うことがデザインリーダーシップにほかなりません。

6-3　リーダーシップは、一人ひとりが発揮すべきもの

6-3-1　リーダーシップへの誤解

私は、年間130日、約3000人以上のビジネスリーダーと向き合う日々を送っています。はじめてリーダー役になった方々は、チームメンバーを自分がグイグイと引っ張っていかねばならないと思い込んでいる様子が窺えます。また、部長職、経営者の方々も同様にリーダーシップを引っ張る、まとめるという「強さ」で表現されるほうが多いと感じています

リーダーシップの定義には、研究者の数だけ、実務家の数だけ諸説色々ありますが、どの定義においても共通しているのは、「影響力を及ぼす」ということです。影響力を及ぼすには、「人と人との関係性が最も大切」であり、信頼関係がなければ、部下はリーダーの影響力を素直に受け入れてくれません。もちろん、「指示命令と恫喝」という強制的なやり方はありますが・・・。

リーダーとは、「人の強みを認め、活かせる人」のことです。

私は、はじめてリーダーになった方に指導する時、リーダーシップは、目標達成や業績を上げたなど、単に結果を指すものではないことを伝えています。日本においては、カリスマ型リーダーのリー

ダーシップを取り上げすぎる傾向が強く、リーダーシップに対する誤解を生んでいるのではないかと私は強く感じています。

6-3-2 リーダーシップの本来の定義

リーダーシップの本来の定義とはどのようなものでしょうか？

・リーダーシップとは、一人ひとりが発揮すべきもの
・リーダーシップは、自分らしさの発揮そのもの。自分軸が大切
・リーダーシップとは、今置かれている立場や役割でベストを尽くすこと
・リーダーシップとは、「人を引っ張る・まとめる」というよりも、メンバーの良いところをチョイスして、それを活かすこと
・働く仲間を本気にさせる言動すべてがリーダーシップに通じる

はじめて部下を持ったリーダーたちにきちんと、リーダーシップの意味を腹落ちさせていくと、「引っ張る・まとめる」という固定観念と呪縛から解放されて、「気分が楽になりました。」という気づきの言葉が出てきます。

不確実性や変化のスピードが速い今の時代、指示されたことだけを行うことにとどまらず、メン

バーそれぞれが自分で考え、自分の判断で行動することが求められています。仕事課題の解決にしても、能力の向上にしても、将来のキャリアにしても、働く仲間との協働にしても、単にリーダーからの指示を受け、リーダーの言うとおりに仕事を行うだけでは時代の変化に対応ができません。

リーダーシップという言葉について、まだまだビジネス界で本来の意味をきちんと理解している方は多くありません。大学の先生方が当たり前に思っているリーダーシップの理論や考え方を知っているのは、ビジネスエリートであり、ビジネスの現場では思っているほど広がっているものではありません。東証一部上場企業でさえ、リーダーシップについて学ぶのが管理職になったタイミングというのが多いのが現状です。

私は必ず、リーダーシップとは何かを研修参加者に問いかけます。リーダーシップは自分自身で探求していく必要があると強く考えています。

ですが、一般的なMBA教育は、リーダーシップを理論として、研究者が一般化したスタイルを教えます。リーダーシップを初歩的に学ぶには知識を習得することは大切です。しかし、ビジネスの実践で求められるのは、自分自身が経験という原体験、企業理念などからくる企業遺伝子など、自らがリーダーシップを体得してきた生起メカニズムにこそ、意味があると考えています。

6-3-3　日本のリーダー

MBA的なリーダーは「分析」を得意としています。しかし、過去の日本を支えてきた世界に名を届かせたリーダーたちは、感情的であり、感覚的であり、五感を使いこなし、夢を語り、戦略を実行してきました。今のＧＡＦＡのリーダーたちのように。

日本には数多くのデザインリーダーが存在していました。

松下幸之助氏、本田宗一郎氏、藤沢武夫氏、井深大氏、盛田昭夫氏など、戦後に社会変革を起こしたデザインリーダーの存在です。私は、日本人はそろそろ外国のリーダーシップ理論ばかりに目を向けず、デザインリーダーシップを発揮してきたイノベーターであり、デザインリーダーであるリーダーシップを研究すべきだと考えています。

私がお世話になったホンダの事例では、二輪事業の世界展開の順序を東南アジアへまず進出するというボストンコンサルティングのレポートに反して、経営者２人は、直観でアメリカ進出を決めたという逸話があります。ハーバードビジネススクールのケーススタディにもなっています。

まさしく、デザインリーダーシップの存在がここにあります。

本田宗一郎氏、藤沢武夫氏の意思決定が今のホンダの礎、アメリカでのホンダブランディングへとつながっています。

しかし残念なことに、その後**日本にはリーダーが育っていません。**

日本で数多くのデザインリーダーを輩出することができれば、社会変革が可能なものになると考えています。そして、デザインリーダーシップの研究はロマンに満ちています。

あとがき

本書では、新しいリーダーシップの姿を自ら作り出していく姿勢（＝デザイン）をデザインリーダーシップと名付け、私（大西）が経験的側面から、もう一人の著者である立命館大学経営学部・八重樫文教授が理論的側面から考察を行ってきました。

「デザインとは、ものごとに意味を与える」ということを共通軸に、リーダーシップに関わる既成の意味、つまりアンコンシャスバイアスから解き放たれたなかで、八重樫教授とリーダーシップについてデザインするという行為を約1年かけて展開してきた成果です。

私は東証一部大手有名企業を中心に、年間延べ１５０日ほどリーダー研修や人材開発、組織開発のコンサルティングを行っています。

その現場から聞かれるリーダーの生の声は、「会社や経営者たちは変革を唱えるものの、新しい視点を持ち提案し行動していっても、過去の前例と成功体験に縛られた上位層に変革の火種が消し去られてしまう…」というものです。

さらに、現場のリーダーたちには、近視眼的に「どうやって変革のリーダーシップを発揮すればよいか」のみのDoingばかりに目線が行き過ぎ、マニュアル通りにリーダーシップを発揮しようとする姿が散見されていました。

リーダーとしての役割、自分が今何をすべきかのなかに、お客様や社会という視点が欠如しているのです。このようなリーダーのリアルボイスと現状に対して何か貢献できることはないかと考え続けていくなかで、私の「原体験」からデザインリーダーシップを探求する旅を続けるかたちで本書はまとめられています。

そしてその過程で、「リーダーシップの意味を問い直すということ」、「デザイン視点で新たなリーダーシップを自らの手でデザインしていくということ」を深めていくことができました。

デザインリーダーシップを研究しているなかで、私に数々のことを教えてくれ、成長する場を与えてくださったホンダという企業が最も大切にしている「ホンダフィロソフィー」からもデザイン（＝意味を与える）に通じることがたくさん発見できたことは、今後のデザインリーダーシップの研究に示唆を与えてくれるものになりました。個々人の思想や哲学の存在が、デザインという意味を与える行為には欠かせないということです。

こうありたいと思う素直な気持ち、その声を自分の内側から引き出していくためには、「自らに問いかける」というデザイン態度が求められます。デザイン態度は、マネジメント態度以上に大切なものであることにも改めて気づかされました。

哲学という言葉は、明治になってから輸入されたフィロソフィーの訳語だというが、このもともとの意味は、「知恵を愛すること」であり、一人の人間がよりよく生きるために思考や体験を積み重ねていく行為でもある。

私にとっての哲学は、人の心を大切にする、ということに尽きるようだ。現代は何ごとにも事務的に、機械的に処理される風潮が強くなった。そういうなかにあって、心と心を通わせるてだてが益々貴重になる。人の心を知るための哲学が必要とされてくるのである。

経営者もそうであるが、すべての人が哲学者でなくても哲学を使いながら生きる人になってもらいたい。

本田宗一郎[1]

本田宗一郎氏が言う「哲学」には、「経営者は、それぞれの哲学をもって判断を繰り返している。誰しもが、毎日の生活のなかで立派に哲学を使っている」という主張が込められています。こう考えると、私たちが探求してきた「新しいリーダーシップ」は、戦後の復興とともに立ち上がった経営者たちがデザイン態度を持ち、世のため、人のためという大義のなかで持てる力をフルに発揮してきたことと同様のものと考えています。

一方で私たちは、経営者たちのリーダーシップだけを研究対象にしているわけではありません。現在、私は八重樫先生と共に、より誰もに開かれた・誰もが持つべきデザイン態度とデザインリーダーシップの研究を進めています。

過日、とある東証一部企業の専門商社のコンピテンシー調査を行いました。この会社の優秀な営業パーソンたちはみな、デザイン態度とその行動の表出が極めて高いという調査結果が確認できました。彼ら彼女らは、日常の仕事のなかで「デザイン態度」を持ち、自分らしいリーダーシップを発揮していました。もちろんこの会社は、好業績企業です。

現在の企業経営では、マネジメント態度による成果の再現性の創出と利益確保のみに目が奪われ、新たな価値創出というよりもコスト削減や人員削減における利益創出が行われています。このような現状のなかで、労働生産性を上げること、ワークエンゲージメント、ジョブ型雇用など、数多くの人事戦術を用いています。がしかし、働く社員の心根とアンマッチなものが散見されています。方法論ばかりに着目しすぎで、本質論に迫ろうとしないケースが散見されています。私は、このような状況に危機感を強く感じています。

人の力は無限であるという前提に立つならば、誰もがデザインという行為、デザイン態度を学習していくことを通じて、借り着ではない自分らしいリーダーシップを発揮することができると信じて疑いません。

本書では、リーダーシップの基本の第一歩は、「他者を惹きつける」という素朴な視点、「リーダーシップには個性が必要である」という視点を通じて、「リーダーシップはこうあるべき」や「リーダーシップのスタイルにはこういうものがある」といった枠組みから逸脱して八重樫先生と私とで自由闊達に語り合い、そこでさらに多くの課題に出会うことにもなりました。

私たちのデザインリーダーシップを探求する「旅」は始まったばかりです。

２０２３年

大西みつる

注

第1章　デザインとリーダーシップ

［1］　村上春樹（１９７９）『風の歌を聴け』講談社

［2］　ジェフ・バスカー（２０１３）「『悪い音楽を聴きたいヤツなんかいない』――カニエ・ウェストのプロデューサーが語る業界の未来」『WIRED』Vol.8, ２０１３年６月

［3］　ロベルト・ベルガンティ（著）／佐藤典司（監訳）／岩谷昌樹・八重樫文（監訳・訳）／立命館大学経営学部ＤＭＬ（訳）（２０１６）『デザイン・ドリブン・イノベーション――製品が持つ意味のイノベーションを実現した企業だけが、市場優位に立つ』クロスメディア・パブリッシング

［4］　エレベーターのエピソードは以下を参考に再構成しています。
トーマス・ウェデル＝ウェデルスボルグ「そもそも解決すべきは本当にその問題なのか」『ハーバード・ビジネス・レビュー』２０１８年２月号 pp.24-36.

［5］　Rittel, H. W. J., Webber, M. M.（1973）“Dilemmas in a General Theory of Planning” *Policy Sciences,4* (2), pp.155-169.

［6］　安藤拓生・八重樫文（２０１７）「デザイン態度（Design Attitude）の概念の検討とその理論的考察」『立命館経営学』第55巻第４号 pp.85-111.
安藤拓生（２０１８）「デザイン態度（Design Attitude）の国際比較研究試論――日本とイタリアの事例の比較分析」『立命館ビジネスジャーナル』第12巻 pp.1-28.

［7］　サン＝テグジュペリ（著）・浅岡夢二（訳）（２０１３）『星の王子さま』（Kindle版）ゴマブックス

［8］　B-ing 編集部（編）（２００４）『プロ論。』徳間書店

［9］　安斎勇樹（２０２０）「組織変革のトリガーは『痛み』か、あるいは『遊び心』か？」CULTIBASE 2020.09.07,

https://www.cultibase.jp/articles/836
[10] R・マリー・シェーファー（著）／鳥越けい子・若尾裕・今田匡彦（訳）（２００９）『サウンド・エデュケーション〈新版〉』春秋社
[11] コナン・ドイル（著）／延原謙（訳）（１９５３）『シャーロック・ホームズの思い出』新潮文庫
[12] 佐藤典司・八重樫文（監修・著）／後藤智・安藤拓生（著）（２０２２）『デザインマネジメント論のビジョン——デザインマネジメント論をより深く学びたい人のために』新曜社
[13] 入山章栄（２０１９）『世界標準の経営理論』ダイヤモンド社
[14] ベルガンティ（著）／佐藤（監訳）／岩谷・八重樫（監訳・訳）／立命館大学経営学部ＤＭＬ（訳）（２０１６）前掲書

第2章　デザインリーダーシップとリーダーシップ

[1] ジョン・P・コッター（著）／DIAMONDハーバード・ビジネス・レビュー編集部（訳）（２０１５）『【新訳】リーダーシップとマネジメントの違い DIAMONDハーバード・ビジネス・レビュー論文』ダイヤモンド社
[2] 堀尾志保・舘野泰一（２０２０）『これからのリーダーシップ——基本・最新理論から実践事例まで』日本能率協会マネジメントセンター
[3] 石川淳（２０１６）『シェアド・リーダーシップ——チーム全員の影響力が職場を強くする』中央経済社
[4] ロバート・K・グリーンリーフ（著）／金井壽宏（監訳）／金井真弓（訳）（２００８）『サーバントリーダーシップ』英治出版
[5] 石井貫太郎（２００４）『リーダーシップの政治学』東信堂
[6] 石井（２００４）同上書
[7] 石井（２００４）前掲書
[8] 石井（２００４）前掲書

[9] 石井（２００４）前掲書
[10] 石井（２００４）前掲書
[11] 石井（２００４）前掲書
[12] Muenjohn, N. and McMurray, A.（2017）. "Design Leadership, Work Values Ethic and Workplace Innovation: An Investigation of SMEs in Thailand and Vietnam," *Asia Pacific Business Review*,23 (2), pp.192-204.
[13] 吉田拓郎（1973; 1989）『落陽』フォーライフ・レコード
[14] Muenjohn, N., Chhetri, P., Hoare, Y., Suzumura, As-Saber, S. and Suzumura, Y.（2013）"Design Leadership: A Conceptual Framework of Leadership, Design and Team Performance," *International Proceedings of Economics Development and Research*, 60, p.157.
[15] Muenjohn, N., Chhetri, P., Suzumura, Y., and Ishikawa, J.（2015）. "Leadership, Design Process and Team Performance: A Comparison Betweeen Japanese and Australian R&D Teams," *The Journal of Developing Areas* 49 (6), pp.489-496.
[16] Turner, R., and Topalian, A.（2002）"Core Responsibilities of Design Leaders in Commercially Demanding Environments," *Inaugural presentation at the Design Leadership Forum*.
[17] 向井周太郎（２００９）『デザインの原像　かたちの詩学Ⅱ』中公文庫
[18] 向井（２００９）同上書
[19] Muenjohn, and McMurray.（2017）前掲論文
[20] Zaleznik, A.（1977）"Managers and leaders: Are they different?" *Harvard Business Review*, May-June 1977, pp.67-78.
[21] 小野善生（２０１５）「管理者（マネージャー）とリーダー」『日本労働研究雑誌』No.657, pp.22-23.
[22] コッター（著）／DIAMOND ハーバード・ビジネス・レビュー編集部（訳）（２０１５）前掲書
[23] Turner, R.（2013）. *Design Leadership: Securing the Strategic Value of Design*, Routledge.

［24］ 佐藤典司・八重樫文（監修・著）／後藤智・安藤拓生（著）（２０２２）『デザインマネジメント論のビジョン――デザインマネジメント論をより深く学びたい人のために』新曜社

第３章 デザインリーダーシップのビジョン

［１］ 安藤拓生・八重樫文（2016）「プロフェッショナルとしてのデザイナーの持つデザインの志向の実証的研究に向けた理論的基盤の検討」『立命館ビジネスジャーナル』立命館大学イノベーション・マネジメント研究センター 10, pp.91-123.
安藤拓生・八重樫文（２０１７）「デザイン態度（Design Attitude）の概念の検討とその理論的考察」『立命館経営学』第55巻第４号 pp.85-111.
［２］ ハーバート・A・サイモン（著）／稲葉元吉・吉原英樹（訳）（１９９９）『システムの科学 第３版』パーソナルメディア
［３］ エツィオ・マンズィーニ（著）／安西洋之・八重樫文（訳）（２０２０）『日々の政治――ソーシャルイノベーションをもたらすデザイン文化』ビー・エヌ・エヌ新社
［４］ Manzini, E.（2015）*Design, When Everybody Designs: An Introduction to Design for Social Innovation*, MIT Press.
［５］ アマルティア・セン（著）／池本幸生・野上裕生・佐藤仁（訳）（１９９９）『不平等の再検討――潜在能力と自由』岩波書店
［６］ セン（著）／池本・野上・佐藤（訳）（１９９９）同上書
［７］ Verganti, R.（2017）“Design Thinkers Think Like Managers,” *She Ji: The Journal of Design, Economics, and Innovation*, 3 (2), Summer 2017, pp.100-102.
［８］ 佐々木健一（１９９５）『美学辞典』東京大学出版会
［９］ 佐々木（１９９５）同上書

［10］佐々木（1995）前掲書
［11］佐々木（1995）前掲書
［12］佐々木（1995）前掲書
［13］佐々木（1995）前掲書
［14］佐々木（1995）前掲書
［15］三浦佳世・川畑秀明・横澤一彦（2018）『美感――感と知の統合』勁草書房
［16］三浦・川畑・横澤（2018）同上書
［17］三浦・川畑・横澤（2018）前掲書
［18］三浦・川畑・横澤（2018）前掲書
［19］佐々木（1995）前掲書
［20］三浦・川畑・横澤（2018）前掲書
［21］三浦・川畑・横澤（2018）前掲書
［22］三浦・川畑・横澤（2018）前掲書
［23］倉橋重史（1998）「感性について」『佛大社会学』第23号 pp.42-66.
［24］倉橋（1998）同上論文
［25］例えば、樋口聡（2001）「感性教育論のためのエスキス」『広島大学大学院教育学研究科紀要』第一部第50号 pp.9-15.；新妻悦子（2010）「描画制作過程における『知的処理』と『感性処理』一具象群と非具象群の分析を手掛かりとして一」『美術教育学』31巻 pp.279-290. など。
［26］例えば、加藤孝義（2009）「二十一世紀の新しい人間像――抑圧された感性の復活による知性との調和的統合」『現代行動科学会』第25号 pp.24-33. など。
［27］カント（原作）／佐藤文香（著）／近藤たかし（漫画・漫画原作）（2020）『純粋理性批判』講談社まんが学術文庫

［28］　朝倉輝一（２０１９）「近代哲学の祖、カントが唱えた批判主義と道徳とは？【四聖を紐解く②】」LINK@TOYO（東洋大学Ｗｅｂマガジン）https://www.toyo.ac.jp/link-toyo/culture/immanuel_kant/
［29］　北野武（監督・脚本）（１９９６）『キッズ・リターン』オフィス北野
［30］　朝倉（２０１９）前掲Ｗｅｂサイト

第４章　新しいリーダーシップのデザイン

［１］　Krippendorff, K.（1989）“On the Essential Contexts of Artifacts or on the Proposition that Design is Making Sense（of Things),” *Design Issues* 5 (2), pp.9-38.
Krippendorff, K.（2006）*The Semantic Turn: A New Foundation for Design*, CRC Press.〔小林昭世・川間哲夫・國澤好衛・小口裕史・蓮池公威・西澤弘行・氏家良樹（訳）（２００９）『意味論的転回――デザインの新しい基礎理論』エスアイビー・アクセス〕
［２］　人が何かを成し遂げるための行動の様式や特性のこと。特に組織で高い業績や成果を上げている人の行動特性のことを指す。
［３］　岡田淳（２００３）『竜退治の騎士になる方法』偕成社
［４］　中動態について詳しくは、國分功一郎（２０１７）『中動態の世界――意志と責任の考古学』医学書院、を参照のこと。
［５］　フランスの文化人類学者であるレヴィ＝ストロースが『野生の思考』（１９６２）で言及している「ブリコラージュ」という概念が想起される。ブリコラージュとは、「限られた持ち合わせの雑多な材料と道具を間に合わせで使って、目下の状況で必要なものをつくること」とされる。
クロード・レヴィ＝ストロース（著）／大橋保夫（訳）（１９７６）『野生の思考』みすず書房

第5章　デザイン態度によるリーダーシップ

［1］　筒井康隆（１９９８）『虚人たち 改版』中央公論社

［2］　Ｐ・Ｆ・ドラッカー（著）／上田惇生（訳）（１９９６）『新訳 現代の経営〈上〉〈下〉』ダイヤモンド社

［3］　原研哉（２０２１年4月18日）「デザイナーとは何かを自問することは多いが『何者でもない』というのはどうだろう。何者かにならないように、無数に仕事をしていくことで成長していく、という感じ。」https://twitter.com/haraken_tokyo/status/1383595649359171596

［4］「非エリートの思考法。～乱世を生き抜く力をつけろ！～」『Sports Graphic Number』７８３号，２０１１年7月21日、文藝春秋

［5］　向井周太郎（２０２１）『形象の記憶――デザインのいのち』武蔵野美術大学出版局

［6］　大西みつる（２０１９）『結果を出す人は「修正力」がすごい！』三笠書房

あとがき

［1］　本田宗一郎（２００５）『やりたいことをやれ』ＰＨＰ研究所

著者紹介

八重樫 文（やえがし かざる）
立命館大学経営学部教授, 立命館大学DML（Design Management Lab）チーフプロデューサー
1973年北海道生まれ。武蔵野美術大学造形学部基礎デザイン学科卒業，東京大学大学院学際情報学府修士課程修了。デザイン会社勤務，武蔵野美術大学助手，福山大学専任講師，立命館大学准教授を経て，2014年より現職。2015・2019年度ミラノ工科大学客員研究員。デザイン学と経営学をつなぐ，学際的な研究に従事している。
主な著書に『デザインマネジメント論のビジョン』『デザインマネジメント論（ワードマップ）』（新曜社），『デザインマネジメント研究の潮流2010－2019』（青山社），訳書に『突破するデザイン』（日経BP社），『デザイン・ドリブン・イノベーション』（クロスメディア・パブリッシング），『日々の政治――ソーシャルイノベーションをもたらすデザイン文化』（ビー・エヌ・エヌ新社）など。

大西 みつる（おおにし みつる）
株式会社ヒューマンクエスト代表取締役社長，立命館大学経営学部客員教授
1961年大阪府生まれ。立命館大学経済学部卒業後、本田技研工業に入社。鈴鹿硬式野球部でプレーした後，マネージャー，監督を歴任。チームを都市対抗野球大会で日本一に導く。社業に専念してからは，日米双方で人材開発や管理職のリーダーシップ開発に取り組む。自らの体験からリーダーシップ開発の重要性を強く感じ，働きながら筑波大学大学院ビジネス科学研究科で経営とリーダーシップを学ぶ（経営学修士）。2009年，株式会社ヒューマンクエストを設立。大手民間企業を中心に年間延べ4,500人以上のリーダーと向き合う日々を送る。
主な著書に『はじめて部下を持った人のための超リーダー力』（ぱる出版），『結果を出す人は「修正力」がすごい！』（三笠書房），『最高の自分のつくり方――ビジネス×アスリート・トレーニング式』（日本能率協会マネジメントセンター）など。

新曜社
新しいリーダーシップをデザインする
デザインリーダーシップの理論的・実践的検討

初版第1刷発行　2023年3月30日

著　者　八重樫文
　　　　大西みつる
発行者　塩浦　暲
発行所　株式会社　新曜社
〒101-0051　東京都千代田区神田神保町3-9
電話（03）3264-4973(代)・Fax（03）3239-2958
E-mail：info@shin-yo-sha.co.jp
URL：https://www.shin-yo-sha.co.jp/
組　版　メデューム
印　刷　メデューム
製　本　積信堂

ISBN978-4-7885-1803-2　C1034